ホーンテッドマンションのすべて

The Haunted Mansion

著／ジェイソン・サーレル
ディズニー・イマジニアリング
クリエイティブディレクター

Disney
EDITIONS

los angeles・new york

Copyright © 2015 Disney Enterprises, Inc.

The following are some of the trademarks, registered marks, and service marks owned by Disney Enterprises, Inc.: Adventureland, Audio-Animatronics®, Disneyland® Resort, Disneyland® Paris Resort, Disneyland® Shanghai Resort, Fantasyland, Frontierland, Hong Kong Disneyland® Resort, FASTPASS® Service, Imagineering, Imagineers, "it's a small world," New Orleans Square, Omnimover, Splash Mountain, Tomorrowland, Tokyo Disneyland® Resort, Walt Disney World® Resort.

"Grim Grinning Ghosts" words by F. Xavier Atencio. Music by Buddy Baker. © Wonderland Music Company, Inc. Lyrics used by permission.

Indiana Jones™ Adventure © Disney/Lucasfilm, Ltd.

The Twilight Zone Tower of Terror™ © Disney/CBS, Inc. The Twilight Zone® is a registered trademark of CBS, Inc., and is used pursuant to a license from CBS, Inc.

All rights reserved. Published by Disney Editions, an imprint of Disney Book Group. No part of this book may be reproduced or transmitted in any form or by any means, electronic or mechanical, including photocopying, recording, or by any information storage and retrieval system, without written permission from the publisher.

For information address Disney Editions,
1101 Flower Street, Glendale, California 91201.
Editorial Director: Wendy Lefkon
Editor: Jennifer Eastwood

Produced by Welcome Enterprises, Inc.
6 West 18th Street, New York, New York 10011
www.welcomeenterprisesinc.com
Project Director: H. Clark Wakabayashi
Designer: Patricia Fabricant (original 2003 edition)

Artwork courtesy of the Walt Disney Imagineering Art Collection

Photography on page 13 courtesy of the National Gallery of Art, Index of American Design; page 44 courtesy of The Historic Fourth Ward School Museum, Virginia City, Nevada; page 53 photo of the Carson Mansion by Victoria Ditkovsky/Shutterstock.com; page 62 F. Xavier Atencio photo from the author's collection; pages 86 (Grand Staircase) and 118 (Singing Busts) © Sylvain Cambon/Disney; page 110 (Bride's Boudoir) © Ph.Rolle/Disney; page 130 photographs by Deborah Eastwood.

ホーンテッドマンションのすべて

2017年10月4日　第1刷発行
2024年6月25日　第6刷発行

著者	ジェイソン・サーレル
翻訳	小宮山みのり
翻訳協力	秋山佳苗子／内田智子／滝野沢友理／中野真紀／平野久美
装丁	primary.inc.,（山田幸廣）
日本語版本文デザイン	ニシ工芸株式会社（小林友利香）
発行者	森田浩章
発行所	株式会社講談社 〒112-8001　東京都文京区音羽2-12-21 編集　03-5395-3142 販売　03-5395-3625 業務　03-5395-3615
印刷所	共同印刷株式会社
製本所	大口製本印刷株式会社

落丁本・乱丁本は、購入書店名を明記のうえ、小社業務あてにお送りください。送料小社負担にてお取りかえいたします。なお、内容についてのお問い合わせは、海外キャラクター編集あてにお願いいたします。本書のコピー、スキャン、デジタル化等の無断複製は著作権法上での例外を除き禁じられています。本書を代行業者等の第三者に依頼してスキャンやデジタル化することはたとえ個人や家庭内の利用でも著作権法違反です。

定価はカバーに表示してあります。

Printed in Japan
ISBN978-4-06-220774-4　N.D.C778 131p 25cm
© 2017 Disney

もくじ

はじめに　マーティン・A・スカラー／トム・フィッツジェラルド ・・・・・・・・・・・・ 4

ご挨拶 ・・ 7

From a Disneyland Original to the Magic Kingdoms
ディズニーランドのオリジナルから4つのマジックキングダムへ

「ホーンテッドマンション」ができるまで ・・・・・・・・・・・・・・・・・・・ 11

ニューヨーク世界博覧会とイマジニアリング ・・・・・・・・・・・・・・・・ 20

999人の幸福な亡霊たち ・・・・・・・・・・・・・・・・・・・・・・・・・・ 28

ウォルト・ディズニー・ワールドと東京ディズニーランド ・・・・・・・・・ 36

ディズニーランド・パリ：ファントム・マナー ・・・・・・・・・・・・・・・・ 41

香港ディズニーランド：ミスティック・マナー ・・・・・・・・・・・・・・・・ 46

A Tour of this Ghostly Retreat
幽霊たちの棲家　ホーンテッドマンション・ツアー

敷地 ・・ 62

ホワイエ ・・・・・・・・・・・・・・・・・・・・・・・・・・・・・・・・・・・・・・ 72

伸びる肖像画の部屋 ・・・・・・・・・・・・・・・・・・・・・・・・・・・・・・ 74

肖像画の廊下 ・・・・・・・・・・・・・・・・・・・・・・・・・・・・・・・・・・ 81

ロード・エリア ・・・・・・・・・・・・・・・・・・・・・・・・・・・・・・・・・・ 85

書斎とミュージックルーム ・・・・・・・・・・・・・・・・・・・・・・・・・・・ 88

果てしない階段 ・・・・・・・・・・・・・・・・・・・・・・・・・・・・・・・・・ 89

無限の廊下 ・・・・・・・・・・・・・・・・・・・・・・・・・・・・・・・・・・・ 91

温室 ・・ 93

不気味なドア ・・・・・・・・・・・・・・・・・・・・・・・・・・・・・・・・・・ 95

降霊会の部屋 ・・・・・・・・・・・・・・・・・・・・・・・・・・・・・・・・・ 97

グランドホール ・・・・・・・・・・・・・・・・・・・・・・・・・・・・・・・・・ 100

屋根裏部屋 ・・・・・・・・・・・・・・・・・・・・・・・・・・・・・・・・・・・ 107

墓地 ・・ 113

地下室 ・・・・・・・・・・・・・・・・・・・・・・・・・・・・・・・・・・・・・・ 123

出口 ・・ 128

イマジニアとともに ・・・・・・・・・・・・・・・・・・・・・・・・・・・・・・・ 132

はじめに

マーク・デイヴィスが1968年頃に描いた、囚人用の鎖つき鉄球を持つゴーストのコンセプト画。

ディズニーでは、すべてがストーリーから始まる。だから、1963年のある日、ディズニーランドに建てられた新しい屋敷を亡霊たちに貸すための〝入居者募集看板の宣伝文〟を書くようにといわれたときも、ウォルト・ディズニーがこのアトラクションについてどんな構想を抱いているのか理解する必要があった。

ウォルトはイギリスを訪れた際、記者たちにこのように語った。「今回の旅の目的のひとつは、亡霊たちが住めるような古い城や荘園領主の館を調査することです。実はディズニーランドに〝彼ら専用〟の環境を新しく用意する計画があって、そこで亡霊暮らしを続けたいという情熱のある亡霊を募集しようと思っているのです」

そんなウォルトの話からインスピレーションを得て私が宣伝文をしたためた看板は、1963年に完成した「ホーンテッドマンション」の建物の外に設置された。

ウォルト・ディズニーが実際に幽霊屋敷の構想を練り始めたのは、1950年代の終わりから1960年代の初めごろ。ウォルトは、イマジニアリングにいた特殊効果の魔術師イエール・グレイシーを、好きなように〝遊ばせる〟ことにした。そこでイエールとローリー・クランプは自由に実験を行い、次から次へと心に浮かぶ突飛なアイディアを試し、〝亡霊ごっこ〟をした。そして、すばらしい成果をあげた。

しかし、その後数年にわたって方向性が定まらず、ウォルト・ディズニー・イマジニアリングのスタッフは、アメリカ河のほとりに建つ荘厳な(まだ亡霊が住んでいない)屋敷を6年間も空き家のままにせざるを得なかった。そのあいだ、我々は、こんなストーリーを想定した。私の看板に引きつけられてやってきた亡霊や、さまよえる魂たちは、ディズニーランドのゲストに混ざって人知れず列に並んでいるだろう。そしてゲストと一緒に繰り返したずねているにちがいない。

「いったいいつになったら、あの豪華な館に入れるんだ?」と。

ディズニーのテーマパークの歴史上、「ホーンテッドマンション」は、ウォルト亡き後、イマジニアたちがデザインした最初の大型アトラクションであり、ウォルトの情熱に捧げられたものでもある。今日「ホーンテッドマンション」は世界のマジックキングダムで〝クラシック〟といえる存在になっている。アメリカ、日本、フランス、香港、どこのディズニーパークであれ、ドゥームバギーに乗れば、グリム・グリニング・ゴーストがあなたに会いにやってくる。

マーティン・A・スカラー
ウォルト・ディズニー・イマジニアリング副会長、
イマジニアリング・アンバサダー

個人的にも、仕事のうえでも、「ホーンテッドマンション」とのつきあいは長い。両親に連れられて初めてディズニーランドへ家族旅行に行ったのは、1969年のこと。このアトラクションがゲストを迎えてから、わずか数ヵ月後だった。その数年前、ディズニーのテレビ番組「ワンダフル・ワールド・オブ・カラー」でウォルト・ディズニーがこのアトラクションを紹介したのを見てからというもの、私はディズニーランドに行って、この目で「ホーンテッドマンション」を見てみたくてたまらなかったのだ。そして初ライドで、すっかり虜になってしまった。

　何年かのち、私はウォルト・ディズニー・ワールドの「ホーンテッドマンション」で〝執事〟として働く幸運に恵まれた。それは、身の毛もよだつ楽しい体験だった。私はまるまるひと夏、フロリダのアトラクションでゲストの案内役を務め、それからカリフォルニアに行って、「ホーンテッドマンション」のショーをつくりあげたイマジニアリングの一員になった。

「ホーンテッドマンション」は今でも、大好きなアトラクションのひとつだ。私だけではない。世界じゅうからやってくる何百万人ものゲストが、「999人の幸福な亡霊たちが隠居生活を送る終の棲家」というウォルトの身震いするほどすばらしい着想に、ゾクゾクし、ワクワクしている。だが、ゴーストホストがいうように、ここに住めるのは「1000人めの亡霊、あとひとり」だ。

　私が〝ゴーストライター〟としてこれを書いている間も、イマジニアたちは未来に向けて、魔法のように新しい魂や亡霊を生みだしている。ひょっとすると、1000人めの新しい亡霊キャラクターが登場するかもしれない。いつか、どこかのディズニーパークに、もうひとつの「ホーンテッドマンション」が建ったとしても驚かないでいただきたい。この世には、まだまだたくさんのさまよえる亡霊がいるのだから！

　ゴーストたちとの、よき出会いを！

　　　　　　　　　　　　　トム・フィッツジェラルド
　　　　　　　　　　　　　ウォルト・ディズニー・イマジニアリング、クリエイティブ・エグゼクティブ

トム・フィッツジェラルド（左）とマーティン・A・スカラー。

IMAGINEERING A DISNEY CLASSIC　5

ご挨拶

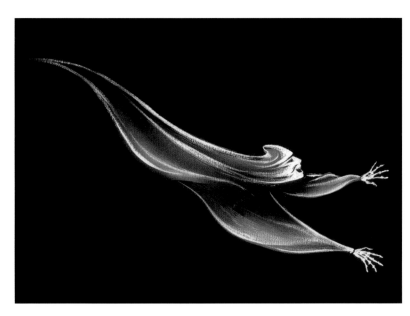

左ページ：ドアの廊下、忌まわしい目の模様の壁紙に飾られた、幸福な亡霊たちの写真（左上は伝説のハットボックス・ゴースト）。**上**：クロード・コーツによるコンセプト・アート。

紳士ならびに淑女の諸君、ようこそ——こう来ると思っていたのではないかな？「ホーンテッドマンション」の歴史や謎をめぐるツアーを始めるにあたり、このおなじみの挨拶よりふさわしい言葉はない。私はこの館の主（あるじ）……といえば、もうおわかりだろう。これから諸君を、亡霊界の朽ち果てた聖地、999人の幸福な亡霊たちの家に案内しよう。彼らは死ぬほど諸君に会いたがっている！

ウォルト・ディズニーは、闇の世界を理解していた。「シリー・シンフォニー」シリーズの第1作、1929年の『骸骨の踊り』のときから、恐怖は人間の最も基本的な感情のひとつだということを知っていたのだ。『白雪姫』の女王や『シンデレラ』の意地悪な継母トレメイン夫人から、『ピーター・パン』のフック船長や『眠れる森の美女』のマレフィセントまで、すばらしいディズニーのアニメーション映画には、印象的な悪役が大勢いる。ウォルトは、そうした昔ながらの戦慄と恐怖の伝統を、ディズニーランドでも実践した。

ディズニーのテーマパークにとってかけがえのないアトラクション「ホーンテッドマンション」は、イマジニアリングの傑作であり、1969年にディズニーランドにオープンして以来、ゲストに愛され続けている。丘の上に立つこの古い館については、ほかのどのアトラクションよりも多くの間違った噂が流れ、さまざまな都市伝説も生まれた。だが、おもしろい幽霊話がそうであるように、「ホーンテッドマンション」にも、興味をそそられる真実の裏話がある。地球上3つの大陸、5つのディズニーパークに存在するこのアトラクションは、2003年には恐ろしくも愉快な映画にもなった。

さあ、果てしない亡霊たちの世界へ足を踏み入れる準備をしたまえ。足もとには十分気をつけて。そうそう、例の注意もお忘れなく。「動き出しても決して立ち上がらぬように」、それから「絶対にフラッシュを使わないでほしい」。そうすれば、亡霊たちは喜んで諸君を迎えてくれる。

ほら、彼らが「ぐずぐずするな」と言っている。ツアーを始めよう。もう引き返すことはできない……。

IMAGINEERING A DISNEY CLASSIC

ディズニーランドの
オリジナルから

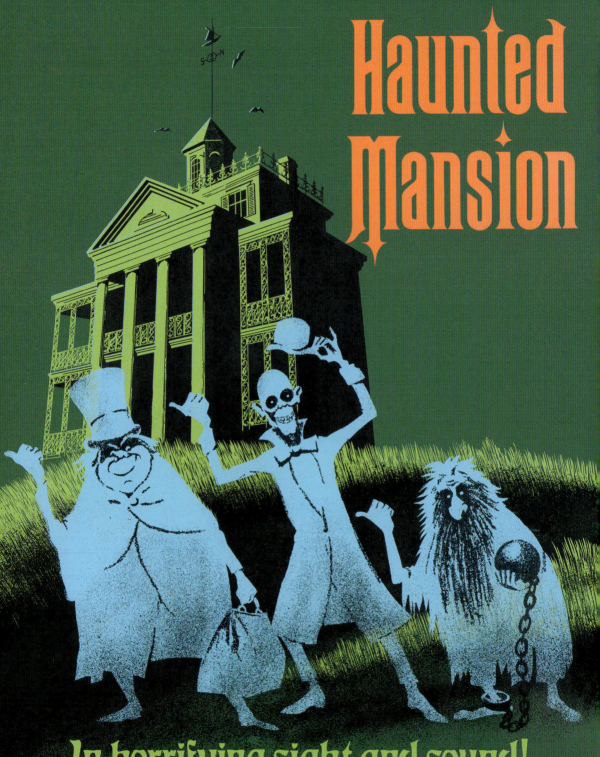

「ホーンテッドマンション」ができるまで

ミッキーマウス・パーク

「ホーンテッドマンション」の起源は1951年までさかのぼる。ディズニーランド開園の4年前、ディズニーのパークとリゾートの創造を担うプロフェッショナル集団「WEDエンタープライズ」（WEDはウォルトの本名、ウォルター・イライアス・ディズニーの頭文字、のちのウォルト・ディズニー・イマジニアリング）が誕生する1年前だ。以前ウォルトが幼い娘たちを連れていった近所の公園や遊園地は、魔法の世界とはかけ離れたものだった。その体験に加え、当時、南カリフォルニアに観光名所がなかったことが、親子が一緒に楽しめる場所をつくりたいというウォルトの以前からの願いに火をつけた。彼は、バーバンクのスタジオの通りをはさんだ向かい側、11エーカー（東京ドーム1つ分とほぼ同じくらい）の土地に「ミッキーマウス・パーク」を建設するためのアイディアを練り始めた。

このこぢんまりしたパークには、パークを周回する汽車の駅、役場、警察、消防署、ドラッグストアなどを配して小さな町を模したメインビレッジと、ポニーや駅馬車に乗れるウエスタンビレッジがあり、ほかにも、昔ながらの農場、ジェットコースターやメリーゴーラウンドがあるカーニバルのエリアなども提案されていた。

1951年、ウォルトは、美術監督としてスタジオに雇い入れたハーパー・ゴフ（ディズニーのシンボルのひとつ『海底2万マイル』の潜水艦ノーチラス号のデザイナー）に、ミッキーマウス・パークのスケッチを何枚か描かせ、ゴフを最初の〝イマジニア〟にした。けれど、ウォルトの夢はふくらみ、11エーカーでは収まらなくなってしまった。ウォルトは夢を実現するため、ゴフとともに働く専従のアーティストやデザイナーをアニメーション・スタジオから連れてくることにした。1952年、ウォルトは、ディズニーランドと名称を変えたパークをデザインし建設するため、ウォルト・ディズニー・インコーポレイテッド（まもなくWEDエンタープライズと社名変更）を設立。長年スタジオで働き、監督経験もあるビル・コットレルを呼び寄せて組織の運営を任せた。この夢見るやり手集団は、1986年にウォルト・ディズニー・イマジニアリングとなった。

ウォルトはWEDについて、こう述べている。「我々のやり方に秘密なんてない。好奇心に導かれて新たなドアを開け、新しいことを試みながら前進し続けているだけだ。好奇心が我々を新たな道へと導いてくれる。絶え間ない冒険と実験。我々は、これをイマジニアリングと呼んでいる。創造的なイマジネーションと技術的なノウハウ、エンジニアリングの融合だ」

最初の幽霊屋敷

1953年、ディズニーランドの建設予定地として、アナハイムのハーバー通りとサンタアナ・フリーウェイが交差する地点にある160エーカーのオレンジ畑が選ばれた。同年、美術監督のリチャード・アーヴィンとマーヴィン・デイヴィスがWEDに加わり、ゴフとともにディズニーランドのデザインやプランを進展させた。ウォルトはパークを、スクリーンという平面ではなく立体的にストーリーを語る格好の場と捉えていた。初期のイマジニアたちは映画畑からやってきたため、テーマパークという新規のコンセプトに、映画づくりの美術と技術を用いた。ディズニーのアニ

8〜9ページ：コリン・キャンベルが1968年に描いた、ディズニーランドの「ホーンテッドマンション」のコンセプト・アート。**左ページ**：1969年にケン・チャップマンとマーク・デイヴィスが描いたディズニーランドの「ホーンテッドマンション」のポスター。**下**：ハーパー・ゴフによる、ミッキーマウス・パークの鳥瞰図。

FROM A DISNEYLAND ORIGINAL TO THE MAGIC KINGDOMS　　11

メーションを題材に、映画をつくるように、ライドやアトラクションのストーリーボードをつくりあげたのだ。ウォルトは、アニメーションのプロットをアーティストたちに身ぶり手ぶりで説明したように、いくつかのライドを最初から終わりまで"演じて"みせた。

メインストリートUSAの初期のレイアウトでは、通りの東側の裏手に小さな住宅地があり、曲線を描いた細い道がメインストリートを見おろす丘の上へと続いていた。道の果てには崩れかけた幽霊屋敷があり、ハーパー・ゴフは、このコンセプトを「教会、墓地、ホーンテッドハウス」というタイトルの風景画に描いている。草が生い茂る墓地と小さな町の古風な教会を下に見るヴィクトリア朝風の古ぼけた建物。印象的なこのスケッチは、ディズニーランドの幽霊屋敷を表現した最初のものである。結局住宅地はなくなり、インターナショナル・ストリート、リバティ・ストリート、エジソン・スクエアなどのエリアにとってかわられたが、いずれも最終デザインには残らなかった。

幽霊屋敷は西部の町へ

1955年7月17日、ディズニーランドが開園。波乱のスタートではあったが、大成功を収めただけでなく、文化施設にもなった。まもなくウォルトは、増え続ける一方のゲストに対応して、この地球上で最も幸福な場所を拡張しなければいけないと考え始めた。

1957年、ウォルトはパーク拡張の一環として「ホーンテッドハウス」のアイディアを復活させ、やはりスタジオのトップアニメーターからイマジニアに転じたケン・アンダーソンに託した。ケンはすでに「白雪姫の恐ろしい冒険」や「トード氏のワイルドライド」など、ファンタジーランドにあるダークライドのデザイナーとして、恐怖と楽しさを一体化させる才能を発揮していた。

このときには、屋敷の建設予定地はフロンティアランドの南西の角に変更されていた。当時このあたりはマグノリア・パークと呼ばれ、日陰をつくる木々やベンチ、昔ながらの野外ステージのあるくつろぎの場所だった。ウォルトは、この周辺を、ニューオーリンズをテーマにしたフロンティアランドの姉妹エリアにつくりかえようと考えた。

ニューオーリンズ・スクエア

フロンティアランドに南部のモチーフがもちこまれるのは、これが初めてではない。「アント・ジェミマ・パンケーキハウス（のちのリバーベル・テラス）」にはニューオーリンズ風の優雅なバルコニーがあったし、アメリカ河の土手にあった「スウィフト・チキン・プランテーション・レストラン」では、プランテーションスタイルの屋敷で南部料理を味わえた。最終的にウォルトは、まとまりのないマグノリア・パーク周辺にいくつかの新しいアトラクションやレストラン、ショップをつくり、ニューオーリンズ・スクエアという独自のエリアにすることに決めた。

1958年、ウォルトはニューオーリンズ・スクエアを公式に発表し、ディズニーランドのマップにも掲載した。ゲストはレストランのほか、蝋人形館や泥棒市場、そして中心部にある「ホーンテッドハウス」を楽しめることになっていた。ウォルトはロンドンでのBBCのインタビューでこのプロジェクトに触れ、第二次世界大戦中のロンドン大空襲や近代住宅の建設により先祖代々の家を追われた亡霊たちに同情の意を表し、世界じゅうのさまよえる魂のため、ディズニーランドに隠居所のようなものをつくる計画があると発表した。「亡霊の常として、脅かしたり取り憑いたり何かしなければなりません。だから彼らは観客を必要としているのです」と。このときはウォルトさえも気づいていなかったのだが、亡霊たちのための隠れ場所という考えは、数年後にとても重要なストーリーになったのだった。

上：ハーパー・ゴフが1951年に描いた「教会、墓地、ホーンテッドハウス」。ディズニーランドの幽霊アトラクション最初のコンセプト・スケッチ。下：サム・マッキムが提案したニューオーリンズ・スクエアの鳥瞰図。「ホーンテッドハウス」は左上の角。右ページ上：マーヴィン・デイヴィスとサム・マッキムが1957年に提案した「ホーンテッドハウス」正面と側面の図。

ケン・アンダーソンのぼろ屋敷

ケンは時代設定にあわせて、南北戦争以前の南部のプランテーションハウスを調査した。けれど、最もインスピレーションを得たのは、ヴィクトリア時代のデザインに関する本に載っていた、メリーランド州ボルチモアのシプリー・ライデッカー・ハウスだった。ミシシッピ州ナチェズのスタントン・ホールや、ボルチモアのエバーグリーン・ハウスからも影響をうけた。48部屋もあるこの大邸宅は1942年にジョンズ・ホプキンス大学に遺贈され、現在は公立美術館になっている。

1958年、ケンは鉛筆でラフスケッチを描いた。それは南北戦争前に建てられた朽ちかけた館で、伸び放題の雑草やスパニッシュモスが垂れさがった不気味な木々、上空を舞うコウモリなどが添えられていた。そのスケッチを同僚のイマジニア、サム・マッキムが絵画に描き直し、「ホーンテッドハウス」の公式ビジュアルに仕上げた。WEDの誰もが、この新しい外観を見てゾクゾクした。しかしウォルトだけは違っていた。1951年にハーパー・ゴフが最初のスケッチを描いて以来ずっと、「ホーンテッドハウス」の外観はその名にふさわしく恐ろしげだった。しかしウォルトは、崩れかけた古いプランテーションハウスは華やかで清潔感のあるディズニーランドの雰囲気を壊すのではないかと感じていた。そこでこの絵を見て、ウォルトの口から出たのが例の有名な言葉だった。「亡霊の世界は館の内側だけにして、外側は我々、人間の世界にしようじゃないか」。この言葉を受け、ケンは、さしあたり外観を保留にして、館の内側に集中することにした。

インスピレーションを求めて

「ホーンテッドハウス」のアイディアについて意見交換を続けていたある週末、ケンは運命的な旅行をした。北カリフォルニアのサンノゼにあるウィンチェスター・ミステリー・ハウスを見学したのだ。160もの部屋が不規則に広がるこの館は、「西部を征した銃」といわれるウィンチェスター・ライフルの考案者の未亡人、サラ・ウィンチェスターが建てたものだった。サラは、夫が考案した銃で殺された人たちの霊から自身を守り、生き長らえたければ家を建て続けよという霊媒師の言葉を信じて果てしない増築を続けた。そしてあらゆる形と大きさの廊下や部屋をもつ迷宮をつくりだした。ドアを開けるとレンガの壁、行き止まりの階段、すべて霊を迷わせて、霊に見つからないようにするためだ。昼夜を問わず聞こえていたハンマーとのこぎりの音が消えたのは、38年後にサラが急死したときだった。

ケンは、「ホーンテッドハウス」を展開するための完璧な手がかりを見つけたと確信してロサンゼルスに帰った。あと必要なのは、おもしろいストーリーのみだった。

左上と左：ヴィクトリア時代のデザインの本に載っていたボルチモアのシプリー・ライデッカー・ハウスと、それにヒントを得てケン・アンダーソンが1958年に描いたコンセプト・スケッチ。**下**：ケンのスケッチをもとにサム・マッキムが描いたアトラクションの公式ビジュアル。

FROM A DISNEYLAND ORIGINAL TO THE MAGIC KINGDOMS

左ページ：ケン・アンダーソンが1957年頃に描いた「ホーンテッドハウス」のウォークスルー体験の場面スケッチ。**左**：アンダーソンが描いたゴア船長とプリシラの肖像画。**右**：アンダーソンが描いた「ピクチャー・ギャラリー」のコンセプト・スケッチ。隠しパネルから伸びた2本の毛むくじゃらの手が執事のボーレガードをつかもうとしているところ。

ゴア船長の伝説

　1957年2月、ケンは最初のストーリー構成を書いた。アトラクションの舞台設定は、その昔、謎に包まれたまま姿を消したという伝説の老船長の館。メイドまたは執事役が40人前後のゲストを館の中へと導き、台の上に集める。すると台が動き、ゲストを地下へといざなう。ここからがツアーの始まりだ。

　まず「ピクチャー・ギャラリー」で、もうひとりの使用人がゲストたちを迎える。「由緒あるゴア船長の館へようこそ。私は執事のボーレガードと申します。当然のことながら、この館は、バーソロミュー・ゴア船長がうら若き花嫁を迎え暮らしていた1810年の頃とはすっかり変わっております」。別の草稿では、船長の名はギデオン・ゴアリューだが、残忍で血に飢えているという評判から「血」を意味する「Gore」と呼ばれるようになったという。ボーレガードがゴア船長の肖像画を指し示すと、壁から2本の毛むくじゃらの手が現れて彼をつかもうとする。これが、さまざまなイリュージョンと特殊効果の始まりだ。

　次の部屋でゲストたちは、ゴア船長の不運な花嫁プリシラの亡霊に遭遇する。こうしたシーンは、精巧にできたデパートのウィンドウディスプレイのようにデザインされ、ゲストが入ってくると明かりが灯って仕掛けが動き、次の部屋に移動すると暗くなる。ゲストは続いてプリシラが、こっそり夫の古い宝箱を開ける場面を目撃する。なんと、夫は悪名とどろく海賊ブラック・バートだったのだ！　その瞬間、彼女の悲鳴と同時に部屋は真っ暗になり、ボーレガードが言う。「プリシラに何が起こったのか、誰も知りません。しかし、以後、彼女を見た者はいないのです――そう、生きている彼女を。この恐ろしい夜から、ゴア船長に心の平穏が訪れることはありませんでした」。船長は自分の正体を知った若い花嫁を殺し、館の奥深く、地下室の壁に埋めてレンガでふさいだといわれている。その後の草稿ではプリシラの運命は変わり、船長は船乗りが使う蓋つきの箱に彼女の死体を入れて箱の鍵を井戸に投げ入れたという案や、死体を井戸に投げ入れたという案があった。いずれにせよ、プリシラの亡霊は夜な夜な船長を苦しめ、ついに彼は屋根裏の梁（はり）から首を吊って自殺することになるのだ。

　帰り際、ゲストが朽ちかけた古井戸のそばを通ると、近くの壁には、ゴア夫人の運命を暗示するこんな走り書きが。「ゴーンゴーン、鐘が鳴る。プリシラは井戸のなか。投げ入れたのは、だあれ？　残忍な〝血〟のみぞ知る！」。ゲストが井戸をのぞきこむと、はるか下から水が泡立つ不気味な音が聞こえ、ボーレガードが不吉な言葉でツアーをしめくくる。「おそらく太陽の光を反射しているのでしょうが、不思議なことに、ほら、水が血のように赤いのです」

ゲストたちを乗せて下の部屋に下ろす台のコンセプト画。舞台のセリのような仕掛けだ。

FROM A DISNEYLAND ORIGINAL TO THE MAGIC KINGDOMS

血塗られた館

ケンが翌月に書いた「ホーンテッドハウス」第2稿では、案内人はゲストを「血塗られた館」へと迎え入れる。これは100年を経た南部の古い屋敷を、まるごとディズニーランドに移してニューオーリンズ・スクエアの要としたという設定だ。この館の歴史について次のように書かれている。

「この湖のほとりに住むブラッド家には、代々の主人が凄惨な突然死を遂げるという血なまぐさい悲劇の歴史がある。そのため、生前の心残りを果たそうと哀れな亡霊たちがこの世に留まっている。我々は、屋敷をディズニーランドに移転すると同時に修復作業を始めたが、おかしなことに日中にした仕事は夜間にめちゃくちゃにされてしまう。おまけに屋敷のなかは常に夜なのだ。従って、なかに入ったらはぐれないようお互い離れないで。そして、ガイドの指示に従うように……」

ケンのストーリーによると、作業員たちは南部の荘厳な屋敷を完璧に復元する計画だったが、いたずら好きの亡霊たちは窓を割り、家具を壊し、壁を砕き、彼らの努力を台無しにする。そしてある日、致命的な事件が起きる。作業員のひとりが誤って屋敷のなかに閉じこめられてしまったのだ。作業は中止になり、古いプランテーションハウスはそのまま残された。その日から時折、不運な作業員の亡霊がハンマーで壁を叩く音が屋敷から聞こえるという。

ウォルトの屋敷にようこそ

約半年後の1957年8月、ケンは最高にユニークなストーリーを思いついた。ウォルト・ディズニー本人が録画テープでゲストたちを迎えるというものだ。そして、おどけた「ひとりぼっちのゴースト」の案内でゲストが家のなかを進んでいくと、住人たちが趣向を凝らした結婚披露宴に集まっている。上からほの暗い廊下をのぞくと、晴れ舞台に立つのを待つ〝首なし〟花嫁が。「すてきな光景でしょう？」と、ゴースト。「結婚式までには、ちゃんと頭をつけないといけませんがね」。これは、ゴア船長や血塗られた館のストーリーよりずっと軽い調子だが、それでもまだウォルトが望んでいたようなものではなかった。

THE HAUNTED MANSION

首なし騎士

　9月になって、「ホーンテッドハウス」のまた新たなストーリーが生まれた。ウォルトも、"毛むくじゃらの手"も、ひとりぼっちのゴーストも登場するが、ケンはみずから手がけたファンタジーランドのダークライドの原点に立ち戻って、アトラクションのクライマックスの題材を、ディズニーアニメーションに求めることにした。そして、うってつけと思われる作品を見つけた。人気アトラクション「トード氏のワイルドライド」のモチーフになった、1949年の『イカボードとトード氏』である。ケンが着目したのは作品の後半部分、ワシントン・アーヴィングの「スリーピー・ホロウの伝説」を脚色した、暗くて恐ろしい物語だ。

　ショーのクライマックスの舞台は、家の裏手にある墓地を見おろす温室。ケンの草稿には、「遠くからひづめの音が近づき、首なし騎士の到来を暗示する。そして彼を乗せた馬が、温室の窓近くの木々のあいだを駆け抜ける」と記されている。

　このシーンのイリュージョンと特殊効果の多くは、完成した「ホーンテッドマンション」をしめくくる墓地のシーンで使われているものとよく似ている。

　「雲が月を隠し、遠くで稲妻が光り雷が鳴り響く。空が暗くなり、首なし騎士の姿が幽霊のように風景に溶けこんだり、遠くの木々の背後から現れたり。そして墓地と家に向かって目の前を右から左へ駆け抜ける。彼は左手の木々の陰に姿を消すが、ひづめの音はどんどん大きくなり、彼を乗せた馬が近づいてくる。

　突然、窓のすぐ外の中庭に首なし騎士が姿を現すと、左から右へと駆け抜け、右手のバルコニーの死角で手綱を引いて大きな音をたてて止まる。この最後の場面では、馬は低木に隠れているため、見えるのは彼のケープだけでよい。ケープの色や明度は、投影される映像とあわせる。

　それから稲光が空を引き裂き、狼男の遠ぼえを合図に、墓から亡霊たちが姿を現しはじめる。まずひとり、そして2人、さらに大勢。やがて墓だけでなく、墓の周りの地面からも亡霊たちが現れてくる。最後に強烈な光が部屋を満たして観客の目をくらませ、雷鳴が大音響でとどろいてシーンが終わる。部屋がしだいに明るくなり、観客は出口が見えるようになる」

　真夜中、首なし騎士が到着すると、「ムッシュ・ブギーマン」と「マドモアゼル・バンパイア」の結婚式が始まる。温室は、ドラキュラ、フランケンシュタイン、偉大なるシーザーの亡霊など、さまざまな客たちでいっぱいになるが、怖じ気づいた花嫁が花婿を祭壇に置き去りにしたため、結婚式は混乱状態に陥ってしまう。ショーの終わりは、ツアーガイドが暖炉のなかの秘密の抜け道を通って、ゲストたちを、より安全な人間界、ニューオーリンズ・スクエアへと送り届けるのだ。

左のページの上と下：ケン・アンダーソンによる「ホーンテッドハウス」の各場面を描いたコンセプト・スケッチ。ゴア船長と首なし騎士が描かれているほか、ニューオーリンズというアトラクションの場所設定を反映して、ブードゥー教の影響が見られる。**左上**：ウォークスルー型「ホーンテッドハウス」のシーンの実物大模型をつくるにあたり、不気味なドールハウスで遊ぶケン・アンダーソン。**上**：ケン・アンダーソンによる、首なし騎士が登場するクライマックスシーンのコンセプト・スケッチ。

FROM A DISNEYLAND ORIGINAL TO THE MAGIC KINGDOMS　17

イリュージョニアリングの技

　ようやく誰もが納得できそうなストーリーができあがり、ケンと仲間のイマジニアたちは、紙の上のコンセプトをステージに移すため、1957年の10月から実物大模型をつくり始めた。1959年の初め頃、ウォルトはこのプロジェクトのため、さらにローリー・クランプとイエール・グレイシーという2人のトップアーティストをスタジオから連れてきた。

　ローリーは少年時代手品が趣味で、すばらしいステージ・マジックを再現する方法を独学で学んでいた。彼が奇抜なモビールやプロペラ、さまざまな動く立体物をつくっていることはスタジオじゅうが知っていた。ディズニーランドで立体的にストーリーを語るにはまさにもってこいの人物だ。背景画のアーティストでレイアウトデザイナーでもあったイエールは、機械の天才、モデルづくりの達人との評判で、実験用の飛行機や汽車、そのほか彼が言うところの〝ちょっとしたおもしろいもの〟をつくりだしていた。これこそウォルトがイマジニアに求めていた独創性だ。彼らが同類の魂を持っていると思ったウォルトは、2人を組ませ、「ホーンテッドハウス」の特殊効果とイリュージョンの開発を委ねたのだった。

　ディズニーランドはつねに最先端の技術を用いてストーリーを表現することで知られているが、ローリーとイエールが生みだしたギャグの多くは、19世紀のマジシャンたちが考案したさまざまなマジックや、1913年にポピュラー・メカニクス社が出版した「ザ・ボーイ・メカニック」という本からヒントを得たものだった。「イエールと私が手がけたイリュージョンは、マジシャンたちが長年使ってきた『ブラック・アート・ボックス』と『スピリット・キャビネット』というマジックをもとにしたものです」とローリーは語っている。「私たちはいろんなことをやりながら、つねにイリュージョンを前進させようとしていました」

　2人のイリュージョニアは、1959年の大半をアニメーション・ビルディングの2階の大きな部屋にこもって過ごした。「私たちは幽霊の話を読み、ありとあらゆるばかげたものをつくりました。いろんなものを使って遊んでいたんです」。視線がゲストの動きを追うように見える肖像画や大理石の胸像、のちに〝レオタ効果〟として知られるようになる不気味な投影イリュージョンなど、ローリーとイエールは館全体の特殊効果を考えてテストした。

　「ほとんどはイエールがアイディアを出し、それを私が膨らませました」とローリーは振り返る。「例えるならイエールは、いつも何かをいじりまわしているゼペットじいさん。私たちは子どものように、やりたいことをなんでもやってみたのです」

　ローリーは、ユーモラスなハプニングについても語っている。「イエールは亡霊や不気味なものを部屋じゅうに散らかしていました。あるとき人事課から電話があって、掃除係が暗い部屋に入るのを怖がっているから電気をつけっぱなしにしておいてほしいと言うのです。で、言われたとおりにしたのですが、ちょっとした仕掛けをしておいたのです。赤外線センサーを取りつけて、人を感知したら部屋の照明がブラックライトに変わって亡霊の特殊効果がすべて作動するようにね。翌朝出勤すると、特殊効果が作動しっぱなしになっていて、部屋の真ん中にほうきが落ちていました。人事課からまた電話があり、『掃除係が、もう二度とあそこには行きたくないと言ってるから、掃除は自分たちでやってください』と言われてしまいました」

屋敷の運命は？

1959年の終わり、ローリーとイエールは、自分たちのイリュージョンを実物大で披露した。そこには、ケンが初期に書いた構成に登場したキャラクターやストーリーの要素が復活していた。「私たちは1年かけて、できる限りの想像力を駆使し、できるだけたくさんのアイディアを考えました」。ローリーは1993年の「ディズニーニュース」のインタビューでこう語っている。「スケッチや図面を描き、なかには小さな模型をつくったものもありました。そしてもっと広いスペースをもらって、ウォルトに実物大のイリュージョンを実演してみせたのです」

2人のデモンストレーションでは、海藻にまみれ、熱帯の嵐で全身から水をしたたらせた残忍な船長の亡霊が、どこからともなく現れる。すると、船長に殺されてレンガの壁に埋めこまれた妻が姿を現し、彼めがけて飛んでいく。そして2人はすっと消える。「亡霊に取り憑かれた亡霊というわけです」と、ローリーは笑いながら振り返る。最後は、部屋に押し寄せた海水に船長は溶けてしまい、驚いているゲストの目の前で海水が引くと、彼が立っていたところには、わずかな水滴と水たまりが残っているだけ。その場にいたイマジニアたちは、その後もずっと、あの結末は壮観としかいいようがなかった、と語っていた。

しかしこのシーンは（おそらく、これと似たほかのシーンも）上演に2分から4分ほどかかるため、ディズニーランドの運営陣たちからは、長すぎてアトラクションの運営上効率が悪いという指摘を受けた。ウォルトも、このショーに夢中になれないようだった。ウォルトが気にしていたのはストーリーや特殊効果の問題ではなく、ウォークスルー型という点だった。というのも、以前「眠れる森の美女の城」のウォーキングツアーに失望した経験があり、そのうえ館の荒れ果てた外観が変わっていないことが気に入らなかったのだ。いつまでも決まらないストーリー、運任せで不安定な特殊効果、なかなか解決しない運営上の懸念などがあわさり、「ホーンテッドハウス」のプロジェクトは、ついに無期延期になってしまった。

左ページ左：「イッツ・ア・スモールワールド」の建築模型をいじるイエール・グレイシー。
左ページ右：ローリー・クランプが、1964年から1965年にかけて開催されたニューヨーク世界博覧会に出品するためにつくった「タワー・オブ・フォー・ウインズ」の模型を試しているところ。**右**：マーク・デイヴィスによる、残忍な船長のコンセプト・スケッチ。ケン・アンダーソンが提案したキャラクターを引き継いだものであり、のちに肖像画として描かれてウォルト・ディズニー・ワールドの「ホーンテッドマンション」に飾られた。

FROM A DISNEYLAND ORIGINAL TO THE MAGIC KINGDOMS

ニューヨーク世界博覧会とイマジニアリング

上：マーティン・A・スカラーによる、全世界の浮かばれない亡霊たちへの招待状。1963年に〝空っぽの〟「ホーンテッドマンション」の外に掲示された。

復活した南部の街

　それから2年後の1961年、「ホーンテッドハウス」はニューオーリンズ・スクエアとともに墓場から甦った。「ホーンテッドハウス」の予定地だったマグノリア・パークは、すでに拡張された「ジャングルクルーズ」の一部となっていたため、アドベンチャーランドとの境界を西に移動させ、小さなU字形の土地がニューオーリンズ・スクエア用に確保された。ウォルトはそこに「ホーンテッドハウス」の屋敷を建てることにした。

　ニューオーリンズ・スクエアとともに、「ホーンテッドマンション」と改名したアトラクションが2年後の1963年にオープンすると告げるチラシが、ディズニーランドのメインエントランスで配られた。チラシには「世界じゅうから一流の亡霊を集めるのは容易ではありません。たいていの人は亡霊の存在を認めたがりませんが、ウォルト・ディズニーはここ数年、有能なスカウトたちに探させています。1963年、有名な、あるいは悪名高い亡霊たちがここ『ホーンテッドマンション』に集まります」と書かれていた。ニューオーリンズ・スクエアの工事は1961年に始まり、翌年には「ホーンテッドマンション」の基礎工事も行われた。

　しかし、予定の1963年が来ても「ホーンテッドマンション」はオープンしなかった。屋敷の外観は完成したものの、中身は手つかずのまま空っぽだったのだ。建物は堂々たる南部地方のプランテーションハウスで、ケン・アンダーソンのオリジナル・スケッチによく似ていたが、今にも崩れそうなぼろ屋敷ではなくなっていた。イマジニアたちはウォルトの言葉どおり「外側は人間の世界にした」というわけだ。

　ウォルトは、ゲストの興味をそそり、期待を煽るような魅力的な広告を出した。新しくイマジニアリングに採用されたマーティン・A・スカラーに、亡霊専用の隠居ハウスへの入居者を世界じゅうから募集するという宣伝文を書かせ、屋敷の錬鉄製のフェンスに看板を掲げたのだ。

　けれど「ホーンテッドマンション」とニューオーリンズ・スクエアのオープンは、再び延期となった。ウォルトがWEDのメンバー全員を、1964年から翌年にかけて開催されるニューヨーク世界博覧会につぎこむことにしたからだ。それは、ウォルトの人生で最も壮大な実験であり、最大の賭けだった。

上：1964年にハーブ・ライマンが描いた、グアシュと水彩によるニューオーリンズ・スクエアのコンセプト画。下：1961年にマーヴィン・デイヴィスが描いた「ホーンテッドハウス」の正面スケッチ。右：「ホーンテッドマンション」の彩色の参考として1962年に描かれたカラー正面図。右下：1963年頃、建設中の「ホーンテッドマンション」外観。

FROM A DISNEYLAND ORIGINAL TO THE MAGIC KINGDOMS 21

ニューヨーク世界博覧会

　ウォルトは企業などと協力して、ニューヨーク世界博覧会で4つのアトラクションを手がけた。1つめはフォードモーター社の「マジック・スカイウェイ」。フォード社製コンバーチブルに乗って、原始時代から宇宙開発の時代、さらに未来まで、人類の歴史を旅するアトラクションだ。2つめは、電化製品の進歩とアメリカの家庭生活の変化を楽しく見せる、ゼネラル・エレクトリック社の「プログレスランド」。これはディズニーランドで実現しなかったエジソン・スクエアのショーをもとにしたものだった。3つめはイリノイ州の「リンカーン大統領の感動の演説」。4つめは、ペプシコーラとユニセフのパビリオン「イッツ・ア・スモールワールド」。オーディオ・アニマトロニクスの子どもたちが歌うなか世界をめぐるクルーズだ。

　ウォルトの賭けは成功した。いずれのショーも人気を博し、閉会後、ディズニーランドはほとんど費用をかけずに新しいアトラクションを手に入れた。「リンカーン大統領の感動の演説」はメインストリートUSAに、「イッツ・ア・スモールワールド」はファンタジーランドに移され、「プログレスランド」は「カルーセル・オブ・プログレス」と改名されてトゥモローランドの目玉となった。「マジック・スカイウェイ」は、有史以前の恐竜シーンが「サンタフェ＆ディズニーランド鉄道」の「原始の世界」のジオラマとして使われた。世界博で新しく開発された技術は、WEDにとってかけがえのないものになったのである。

　世界博のためのショーが完成すると、ウォルトとイマジニアたちは、再び進行中だったプロジェクトに戻った。ディズニーランドの運営陣は、新しいアトラクションはどんなものであれ、1時間あたりの入場者が数十人とか数百人でなく、何千人という〝人々を吸いこむ〟施設でなくてはならないと主張していた。「ホーンテッドマンション」は、依然としてウォークスルー型の予定だったが、40人ほどのグループを次々とウォークスルーエリアに下ろせば、実際に〝人々を吸いこむ〟のも可能だった。ただパーク内に大きな施設をつくるスペースがなかったため、ゲストは屋敷の正面から入場するが、ショーの大半はパークの外側に建てられる巨大な防音スタジオのような建物で行われることになっていた。運営陣が期待する大人数をさばくため、イマジニアたちは巨大な建物を二分して2つのまったく同じウォークスルー設備をつくる計画を立てた。

三銃士：マーク・デイヴィス、クロード・コーツ、X（ザビエル）・アテンシオ

「ホーンテッドマンション」のショーコンセプトの変更とともに、担当者もがらりと変わった。ケン・アンダーソンはWEDが世界博の準備を始めた頃スタジオに戻り、ウォルトは代わりに、アニメーターでイマジニアでもあるマーク・デイヴィスと背景画家のクロード・コーツをプロジェクトに加えた。伝説の名アニメーター「ナイン・オールド・メン」のひとりでもあるマークは、数年間、断続的にディズニーランドのデザインをいくつか手がけたのち、1961年からWEDの専従になっていた。「魅惑のチキルーム」（ディズニーランドで最初のオーディオ・アニマトロニクスのショー）と「ジャングルクルーズ」に新しく加わったシーンではリードアーティストを務め、「カリブの海賊」と「ホーンテッドマンション」でも急きょ採用されることになったオーディオ・アニマトロニクスを使った大がかりなショーの担当にはうってつけだった。マークは「ホーンテッドマンション」の亡霊のキャラクターと、さまざまなギャグシーンを集中的につくりだすことになった。

1964年6月27日付のストーリー構成で、マークは、長年の懸案だったこのアトラクションについて自分の考えを展開している。ひとりぼっちのゴーストを姿が見えない「ゴーストホスト」に変更し、ツアーの語り手にするというものだ。無口な人間の執事キャラクターを登場させ、ゲストたちに付き添って以下のようなシーンを案内させる。

「長くなる部屋」、これは明らかに肖像画のある伸びる部屋の前身だ；大きすぎる家具や絵、彫刻でいっぱいの「肖像画ギャラリー」は〝館で最も危険な亡霊〟の拠点。この亡霊は、絵から〝抜け出して〟ゲストに紛れこみ、ゲストのひとりを亡霊に変えたりする；「降霊会の部屋」は、有

左ページ：ニューヨーク世界博覧会で、フォード社から委託されたライドスルー型のアトラクション「マジック・スカイウェイ」のためにハーブ・ライマンが描いたコンセプト画を検討するウォルト・ディズニー。**いちばん上：**X・アテンシオによる亡霊トリオのコンセプト画。オルガン弾きだけが実際に使われた。**中央：**マーク・デイヴィスによるドアが並ぶ廊下。ロバート・ワイズの1963年の古典的なホラー映画『たたり』の影響が見られる。**下：**マーク・デイヴィスによる、もうひとりの亡霊船長のスケッチ。**左：**「カントリーベア・ジャンボリー」のキャラクターコンセプトを検討中の〝三銃士〟。左から、マーク・デイヴィス、クロード・コーツ、X・アテンシオ。

左：マーク・デイヴィスが1964年のストーリー構成において、〝肖像画ギャラリー〟のシーンで「館で最も危険な亡霊」と呼んだ亡霊のコンセプト・スケッチ。**上**：マークによる陽気な吟遊楽士のひとりのコンセプト・スケッチ。

名な〝霊媒師マダムZ〟(この時点では五体を有した透視能力者だった)の拠点;〝隠居亡霊たちの集会所〟というサブタイトルのある「ゴーストクラブの部屋」は、ウォルトの原案に従ったもの;「庭を望む部屋」は、ゴーストホストいわく〝大きな不幸が起きた部屋〟で、花嫁とそのフィアンセが殺されたという。ここでゲストたちは〝館で最も危険な亡霊〟とは、ほかならぬゴーストホスト自身だと気づく。すると、ゴーストホストが戸外の荒れ狂う暴風雨のなかから姿を現す。このシーンは、ローリーとイエールが1959年に行った実物大のデモンストレーションを彷彿させる。ゴーストホストはゲストたちに、まさにこの部屋で彼自身が花嫁とそのフィアンセを殺したのだと告げる。これもケン・アンダーソンの別のストーリーにあった要素だ。そしてゲストたちは、しゃべるワタリガラスに導かれて、本棚の秘密のパネルを通って安全なところへ出る。

一方、クロード・コーツは背景画家としての経験を生かして館の内装に注力し、マークのキャラクターが演じる背景となる豪華なセットをたくさんつくることになった。

アニメーターのX・アテンシオは、1965年にWEDに参加して脚本家になった。「ウォルトはいつも、本人が気づいていない才能を見つけるのがうまかった」。X・アテンシオは1989年に雑誌「ストーリーボード」でこう語っている。彼はストーリー部門でストーリーボードをつくったりしていたが、脚本を書いたことはなかった。それがWEDに異動して「原始の世界」に携わった後、ウォルトから「カリブの海賊」の脚本を書くように言われたのだ。「脚本のことなんて何も知らないぞ、と思いました。でもとにかく調べて、海賊風にやってみたんです」。そのできばえにより、この駆け出しの作家が「ホーンテッドマンション」の脚本家にふさわしいということが証明された。

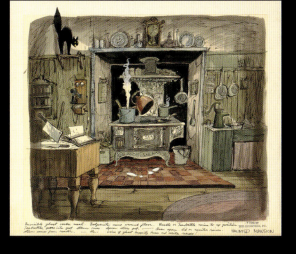

上：マーク・デイヴィスによる有名な「霊媒師マダムZ」のコンセプト画。このキャラクターはやがて、肉体をもたないマダム・レオタになった。下：マークによる、館の首なし住人のスケッチ。

いちばん上：マーク・デイヴィスによるキッチンの絵。アトラクションのシーンには採用されなかったが、小道具の動きを表現するト書きが添えられている。上：X・アテンシオによる〝家までついてくる〟亡霊の絵。「ホーンテッドマンション」で最も愛されているイリュージョンのヒントになった。下：X・アテンシオのスケッチ。死体を除いてウォルト・ディズニー・ワールドの「ホーンテッドマンション」に採用された（蜘蛛の巣は2007年の改修で無限に続く階段に変更された）。

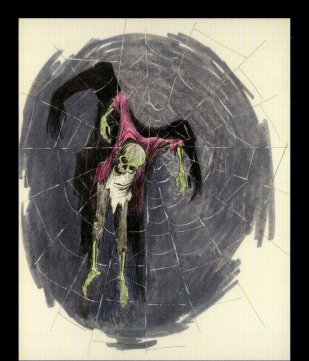

奇妙な博物館

　ウォルトはWEDのメンバーと同様に、ローリー・クランプとイエール・グレイシーにもニューヨーク世界博覧会のショーを割り当てた。世界博終了後ケン・アンダーソンはスタジオに戻ったが、2人は「ホーンテッドマンション」の仕事に復帰して、マーク・デイヴィス、クロード・コーツ、X・アテンシオらと合流。みんながそれぞれに、自分の「ホーンテッドマンション」をウォルトに売りこんだ。ローリーが披露したのは、体にいくつもの炎がゆらめき、溶けた蝋が胸からしたたり落ちている"ロウソク男"、立ち上がってゲストとおしゃべりをする椅子、それに温室のガラスの壁の向こうでガツガツ食事をする人食い植物などのスケッチだった。

「幽霊屋敷というコンセプトは、最初からありました」と、ローリーは「ディズニーニュース」に語っている。「昔ながらの"古くて暗い家"を好む人もいれば、恐ろしさより、ギャグをたくさん盛りこんだ楽しいものにしたいという人もいました。でも私がやりたかったのは、何かまったく違うもの、途方もなくファンタジックなものだったんです」

　ウォルトは、ローリーの作品に対するみんなの反応をとりまとめて言った。「ローリー、これはじつに不気味だ。いったいこれで何ができるっていうんだ？」

「私にもわかりません、ウォルト」。ちょっと正直すぎたかもしれないが、ローリーはこう答えた。「でも、このように何か変わったものを入れないと『ホーンテッドマンション』は、これまでのお化け屋敷と変わらなくなってしまうと思うんです」

　次の日の朝、ウォルトはローリーを見つけて「おい、きみ。おかげで一晩中悩んだよ。でも、ようやく使い道を思いついた」。そういうと、自分のアイディアを説明した。館の玄関ホールを、世界じゅうから集めた奇妙なものを展示した恐ろしげな空間にするというものだ。ゲストは自由に立ち寄り、好きなだけ見学できる。これは、「カリブの海賊」の一部として「ブルーバイユー・レストラン」をつくったように、アトラクションにホーンテッドレストラン

  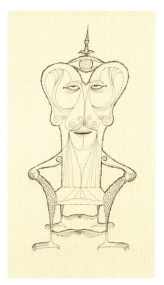 

を組みこむといった、ほかのアイディアに勝るものだった。

　ローリーは1950年代の終わりに「ホーンテッドマンション」のために働き始めて以来、優に100を超えるアイディアを考えてきた。このとき、そのうちの一部を発展させ、ウォルトが名づけた、この「奇妙な博物館」に使った。数分ごとに生き返る霊でいっぱいになるジプシーワゴン、それに、話す家具、浮遊するシャンデリア、ゲストの動きを目で追う大理石の胸像、みるみる変化する一族の古い肖像画などがおかれた、降霊会用の部屋といったプランがあった。

　結局「ホーンテッドマンション」がウォークスルーからライド型に変更になったため、「奇妙な博物館」は永遠にあの世に行ってしまったが、ローリーが生みだしたコンセプトとデザインの多くは、「ホーンテッドマンション」の最終デザインに採用された。

左ページ上とこのページすべて：1964年にローリー・クランプが描いた「奇妙な博物館」のキャラクターやギャグについての一連の絵とスケッチ。**左ページ下**：博物館用の模型に最後の仕上げをするローリー。「ホーンテッドマンション」の建物の模型も見える。

FROM A DISNEYLAND ORIGINAL TO THE MAGIC KINGDOMS

999人の幸福な亡霊たち

恐怖か？　楽しさか？

　1965年、「ホーンテッドマンション」は、またしても先延ばしになった。ニューヨーク世界博覧会のショーをディズニーランドに移設するためだ。ほかにも2つのプロジェクトが「ホーンテッドマンション」より優先されることになった。1つは、同じニューオーリンズ・スクエアのアトラクション「カリブの海賊」、2つめは、つねに時代を先取りしなければならないトゥモローランドのリニューアルだった。しかし、それ以上の最大の衝撃が訪れた。

　1966年12月15日、ウォルター・イライアス・ディズニーが肺癌のため亡くなったのだ。ウォルト・ディズニー・プロダクションは、創造力を先導する創業者であり、ディズニーと名のつくすべてのことに最終決定権をもつ夢追い人を失った。「ホーンテッドマンション」もまた、現場の意見が割れたときに決断を下す唯一の人物を失った。

　ウォルトの死は、10年にもわたって未完成のままだった「ホーンテッドマンション」に深刻な影響を及ぼしたが、幸いにも、当時WEDデザイン部の副部長だったディック・アーヴィンには、2人の優秀なイマジニアが「ホーンテッドマンション」を完成に導いてくれるだろうという見通しがあった。マーク・デイヴィスとクロード・コーツだ。

　このコンビは「カリブの海賊」で大成功を収め、2人を組ませたウォルトの眼力を証明することになった。ウォルトには、マークの卓越したキャラクターデザインや独創性豊かなギャグのセンスと、クロードの背景やレイアウト、セットデザインの技量を組みあわせれば、ひとりのアーティストが単独でやるよりも、はるかにいい仕事ができるということがわかっていたのだ。これはイマジニアリングの理念の特徴でもあった。生前ウォルトは、「カリブの海賊」における彼らの共同作業の成果をその目で見ており、アーヴィンは、引き続きこのコンビに期待したというわけだ。

　けれど「カリブの海賊」が大当たりしたことで、マークもクロードも自主性をもつようになり、それぞれが、自分こそ「ホーンテッドマンション」の創造をリードしなければと思うようになっていた。マークとクロードの考え方の違いは、「ホーンテッドマンション」を恐ろしいものにするか、楽しいものにするか、というWEDでかつてない大論争を巻き起こした。一方にはマークとともに、亡霊はそもそも恐ろしいものなのだからショーは楽しくあるべきと考える人たちがいて、他方にはクロードとともに、「ホーンテッドマンション」というからにはゲストたちは本当に恐ろしいものを期待しているはずと主張するデザイナーたちがいた。結局、マークがアーヴィンを説得し、「ホーンテッドマンション」はコメディー寄りの路線で行くことになった。

　マークとクロードの意見の相違により、アトラクションには2つの異なる側面ができた。ショーの前半はクロードの背景アーティストとしての経験を生かしたセットデザインが中心。キャラクターは登場せず、いくぶん不気味で恐ろしげだ。アトラクションの後半、とくにグランドホールと墓地はセットデザインに頼ることなく、マークの奇抜なキャラクターと視覚的なギャグであふれている。このように相反する手法がとられたため、「ホーンテッドマンション」には「ピーターパン空の旅」や「スプラッシュ・マウンテン」のような一貫したストーリーがなかった。ショーは、さまざまなキャラクターやシーン、特殊効果の寄せ集めになりかねず、それを納得できるものにまとめあげるのは、脚本家のX・アテンシオの手腕にかかっていた。

左ページ：マーク・デイヴィスによる首なし騎士。**上（左と右）**：多彩なキャラクターと陽気なギャグに、マークの才能が見てとれる。名アニメーターたる証だ。**下と右**：クロードは背景画家としての長年の経験から、陰鬱な環境と不吉な雰囲気をつくりだすことに重点を置いた。これらのコンセプト画から、マーク・デイヴィスとクロード・コーツのスタイルの相違がはっきりわかる。

FROM A DISNEYLAND ORIGINAL TO THE MAGIC KINGDOMS　29

ドゥームバギー

　もうひとつ決着していない問題があった。ウォークスルーとライドスルー、どちらにするかということだ。ディズニーランドの運営陣は1時間あたりの収容人数をできるだけ多くするため、ライドスルーを望んでいた――「カリブの海賊」が大成功した後ではなおさらだった。X・アテンシオは「ディック・ヌーニス（ディズニーランド運営ディレクター）はキャパシティを増やすのに熱心でした。私たちは有名なカウボーイ・キャラクターのホパロング・キャシディをもじって彼を〝ホパロング・キャパシティ〟と呼んでいましたよ」と振り返る。イマジニアたちはライドスルーにする方法を模索し始め、イエール・グレイシーは、一部が入り江に沈んだ古いプランテーションハウスをめぐるボートライドを考えたりもした。

　大幅にオープンが遅れたことが幸いした面もあった。1967年までに完璧なライドシステムが利用できるようになったのだ。「ウォルトが亡くなったのは、私たちがこのショーに再び取り組み始めたときでした」とクロード・コーツは語っている。「ちょうど、モンサント社提供の『アドベンチャー・スルー・インナー・スペース』というアトラクションを完成させたところでもありました」。このアトラクションはオムニムーバーというユニークな新しいライドシステムを呼び物にしていたが、それはニューヨーク世界博覧会でフォード社の「マジック・スカイウェイ」のために開発されたピープルムーバーを改良したものだった。

　1960年代半ばのある日、イマジニアのボブ・ガーは、イマジニアリングの巨匠ジョン・ヘンチのオフィスで、WEDが博覧会から学んだことついて議論していた。ボブはジョンの机の上に置いてあったプラスチック製のリンゴを何気なく手に取って軸を中心に回転させた。そして、360度回転できる乗り物を開発しようとひらめいたのだった。

　オムニムーバーは、二枚貝のような形の旋回するポッドがつながったもので、それぞれのポッドは、回転したり、向きを変えたり、傾いたりする。そしてゲストの視界をコントロールし、映画監督がカメラを操作するようにゲストの意識を特定のものに集中させることができる。ゲストはイマジニアが見せたいものを、見せたいと思うタイミングで目にするのだ。この新システムによって、とぎれることなくゲストを一定の速度で送り出すことが可能になり、収容条件も楽に満たすことができた。WEDは「アドベンチャー・スルー・インナー・スペース」のポッドと同じものをつくり、黒く塗って「ドゥームバギー」と名づけた。

　オムニムーバーの出現に加え、彫刻の達人であるイマジニアのブレイン・ギブソン、機械の天才ロジャー・ブロギーとワセル・ロジャース、そして並外れたプログラマーのビル・ジャスティスらのおかげでオーディオ・アニマトロニクスが進化したことで、イマジニアたちはウォークスルーを永久に放棄し、ライドスルーを選択したのだった。この転換によって、振り出しに戻らなければならないイマジニアもいた。「イエール・グレイシーが手がけていた仕掛けやイリュージョンのいくつかは、ウォークスルーを前提にしたものでした」とX・アテンシオは雑誌「ストーリーボード」に語っている。「歩いていって、立ち止まり、何かが起きるのを見て、次のセットに移動する。ライドスルーに決めた時点で、これらの多くは使えなくなりました。通りすぎる乗り物のひとつひとつに対して仕掛けを繰り返さないといけないからです。最初もなければ終わりもないイリュージョンはつねに動いています。そのため、ライド全体のコンセプトが変更されたのです」

上：「ホーンテッドマンション」建設中、イマジニアが線路を敷いている珍しい光景。右：WEDの〝自動車修理工場〟内、特注製のヴィークル。下：ドアが並ぶ廊下を回転しながら通過するドゥームバギー。

下：マーク・デイヴィスによる「グリム・グリニング・ゴースト」のコンセプト画。

「グリム・グリニング・ゴースト」

「カリブの海賊」の成功は「ホーンテッドマンション」に大きな影響を与えた。ディック・アーヴィンがマーク・デイヴィスとクロード・コーツに再度チームを組ませたことや、ライドスルーへの変更のほか、印象的なテーマソングも「カリブの海賊」の成功から学んだものだ。海賊というコンセプト自体に懸念を示すイマジニアもいるなか、ウキウキするような歌があれば雰囲気が明るくなるのではとウォルトを説得したのはX・アテンシオだった。「ウォルトはシャーマン兄弟に依頼するだろうと思っていました」とX・アテンシオは回想している。「ところが、私が半ば歌うような、半ば暗誦するような調子で歌詞を口ずさむと、ウォルトが言ったのです。『よし、それでいこう。ジョージ（ブランズ）と組んで歌をつくってくれ』というわけで、私はソングライターになったんです」。「ヨーホー（海賊暮らし）」の歌のおかげでイマジニアたちは、血に飢えた残虐な集団を、家族向けの愉快な暴れん坊に変身させることができたのだった。

X・アテンシオは、「ホーンテッドマンション」のテーマソングにも海賊と同じ手法を使った。「グリム・グリニング・ゴースト」（正式にタイトルが決まる前は「スクリーミング・ソング」と呼ばれていた）と題した陽気な歌詞を書き、経験豊かなスタジオのお抱え作曲家のバディ・ベイカーが曲をつけた。X・アテンシオいわく「『ヨーホー』では始まりも終わりもつくることはできませんでした。ライドでは、歌のどの部分に行き当たるかわかりませんからね。どのタイミングで聞いても、歌詞のどこをとっても、何らかの意味をもつようにしなければならなかったのです」。そのため、耳障りにならないよう、各部分の出だしのタイミングや長さは、完璧に一致するようになっている。「グリム・グリニング・ゴースト」は、最後の見せ場、墓地のバックグラウンドミュージックになっているだけでなく、さまざまにアレンジされてアトラクション全体で用いられている。最初にホワイエで葬送曲として登場してから、グランドホールではエレガントなワルツとなり、墓地のジャズパーティーに至るまで、状況を表現したり聞き手の感情に訴えたりするのに役立っている。X・アテンシオとバディは、墓地のシーンを究極のクライマックスにするため、さらに異界の雰囲気を演出すべく楽器の調律を狂わせたり、音楽を逆から録音したり、ファイナルミックスでそれらすべてを組みあわせたりと、できる限りの工夫をした。

FROM A DISNEYLAND ORIGINAL TO THE MAGIC KINGDOMS

左：ケン・アンダーソンによるゴーストのアイディアスケッチ。上：X・アテンシオ。彼は10年以上にわたって蓄積されてきたキャラクター、ストーリー、そして特殊効果を筋が通るように脚本にまとめなければならなかった。

ストーリーの結末

　チームに合流した脚本家X・アテンシオの主な役割は、マーク・デイヴィスのユーモラスなキャラクターやスケッチ、クロード・コーツの不気味な設定、それにローリー・クランプとイエール・グレイシーのイリュージョンや特殊効果を結びつけ、筋が通るようにまとめることだった。X・アテンシオは、「はじめはワタリガラスにゲストを案内するゴーストホストを務めさせようとしたけれど、うまくいきませんでした」と言う。精巧につくられたセットと目を見張るような特殊効果のなかで、ワタリガラスは小さすぎたのだ。そこでワタリガラスをやめて、何年にもわたってさまざまなストーリー構成に登場していた、姿の見えないゴーストホストを採用した。マークとクロードが製作したシーンは、館の物理的なレイアウトとゲストが抱く感情という観点から論理的に配置された。そして、ウォルトの最初の案、棲家を失った亡霊たちが、何も知らずにやってくるゲストに取り憑くことを楽しみながら隠居生活を送る場所、というコンセプトに立ち戻った。

　X・アテンシオは「その主な理由は、6年間も屋敷の外に掲げられていた看板でした」と説明している。「私たちはその間ずっと、ゴーストを集めていたのです」。運命のいたずらというべきか、度重なる「ホーンテッドマンション」の遅れが、彼を最終的なストーリーへと導いたのだった。マーティン・A・スカラーによる「あらゆる亡霊とさまよえる魂」に「活気あふれる隠居生活」を楽しんでいただくための場所という看板に、ゲストの期待は高まっていた。X・アテンシオはその期待に応えようとしたのだ。

　シェイクスピア劇のように複雑な構成ではないが、ストーリーも生まれた。実際、イマジニアリングのベテラン、トニー・バクスターは、一見すると調和しないマークとクロードの作品をあわせることで、「ホーンテッドマンション」は図らずも、かなりしっかりした3幕構成になったと考えている。第1幕はホワイエを舞台にゆっくりと不気味に始まり、ゲストは楽しい亡霊の登場を期待しながらポルターガイスト現象や見えない亡霊を体験する。第1幕と第2幕を仕切るカーテンの役割を果たしているのが霊媒師のマダム・レオタだ。彼女が霊を呼び出して姿を現すことを促すと亡霊たちが目を覚まし、グランドホールと屋根裏部屋のシーンが展開する。屋根裏部屋の窓から墓地におりると第3幕。ゲストは、墓地で熱狂的にお祭りさわぎを繰り広げる亡霊たちに取り囲まれる。そして最後に、出口の手前で3人のヒッチハイク・ゴーストのうちのひとりがドゥームバギーに乗りこんでくる。この3幕構成は、おそらくラッキーな偶然なのだが、非常にうまく機能している。

「ホーンテッドマンション」の大まかな3幕構成は、これらのコンセプト画に見られる。ゲストの体験は、どこまでも続く廊下（上左、ドロシー・レドモンド提供）に代表される、キャラクターのいない不気味な場所を通過する旅から始まる。マーク・デイヴィスのコンセプト・スケッチでは、マダム・レオタのもの悲しい呪文により第2幕で999人の幸福な亡霊たちが目を覚まし、グランドホールでパーティーが始まる（中央左）。そして第3幕の墓地でクライマックスを迎え（中央右）、眠らない亡霊たち（左）がゲストを取り囲んで家までもついてくる。

FROM A DISNEYLAND ORIGINAL TO THE MAGIC KINGDOMS   33

完成を目前に

開発に何年も費やした「ホーンテッドマンション」も、1960年代の終わりには最後の仕上げに入った。マークとクロードは、自分たちがつくりだしたキャラクターとセットを完成したショーの場面に組みこんだ。X・アテンシオは脚本に磨きをかけて、伸びる肖像画の部屋、どこまでも続く廊下、水晶玉のなかの亡霊、長い間行方知れずの花婿を死んでもなお恋い焦がれている捨てられた花嫁、そして墓地のお祭りさわぎをひとつにまとめあげた。ブレイン・ギブソンとワセル・ロジャースは、彫刻とオーディオ・アニマトロニクスを融合させて幽霊たちを生き返らせた。そしてイエール・グレイシーは、10年を超える歳月を費やした特殊効果とイリュージョンに最後の仕上げを施した。

アメリカ河を見おろす丘に古風なプランテーションハウスがお目見えしてから約5年、イマジニアが初の人間の居住者として屋敷に入り、ディズニーランドを終の棲家にすることになる999人のグリム・グリニング・ゴーストを迎え入れる準備をした。一方、鉄道が走る土手の向こう側、ゲストから見えない場所では、建設チームが、アトラクションが入る巨大な建物を建てていた。

ついにオープン

オープン日が近づくにつれて、ディズニーランドとWEDの誰もが、「ホーンテッドマンション」に対する期待が想像以上に大きいことに気づき始めた。1963年に完成した屋敷の入り口にかの有名な看板が登場して以来、6年間にわたり根拠のない噂や都市伝説が生まれていたのだ。

X・アテンシオが雑誌「ストーリーボード」に語ったように、幽霊屋敷ならではのものもあった。「屋敷に入った記者が、あまりの恐ろしさに心臓発作を起こしたため、閉鎖して手直しをしなければならなかったという噂がありました。その噂はいくつも尾ひれがついているので、何パターンかあるかもしれません。噂の始まりは、おそらく最初のシェイクダウン(設計者が調整を行うための技術的なリハーサル)ではないかと思います。マスコミ向けのプレビューをしても、まだうまくいかないところがある。すべ

ページ上:左から右へ、「ホーンテッドマンション」の盾がスケッチから実物に進化するようす。上:「ホーンテッドマンション」のオープンが近づき、友人のゴーストの映像を確認するイエール・グレイシー。

てをうまくいかせるには少し時間が必要ですから、しばらく閉鎖して、まずい部分を改善したのでしょう」

　噂やデマは、すべて「ホーンテッドマンション」に有利に働いたようだった。1969年8月9日、18年にもわたる断続的な開発と、丘の上の空き家によせられた6年分の期待を受けて、ついに「ホーンテッドマンション」のドアは軋みながら開いた。オープンからちょうど1週間後の8月16日には、1日の集客数8万2516名という最高記録を打ち立て、長年の苦労と忍耐は報われたのだった。「ホーンテッドマンション」はまたたくまに大ヒットとなり、40年以上も人気のアトラクションの座を譲ることなく、イマジニアリングの最高傑作として世界5ヵ所のマジックキングダムでも成功を収めている。

右：初期のポスターのコンセプト画。「ディズニーランド鉄道」の駅下のトンネルに飾られている。**下**：オープン当日。新アトラクションに記録的な人が殺到したため、パークの入場制限をしなければならなかった。

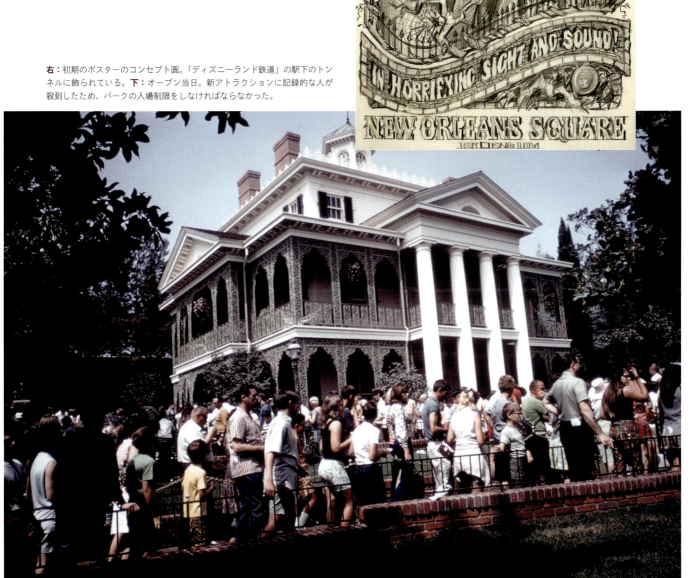

FROM A DISNEYLAND ORIGINAL TO THE MAGIC KINGDOMS　35

ウォルト・ディズニー・ワールドと東京ディズニーランド

プロジェクトX

「ホーンテッドマンション」の製作が軌道に乗った1967年、フロリダ州オーランドの沼沢地で新しいプロジェクトが動き始めていた。ウォルト・ディズニー・ワールドだ（WED内部ではプロジェクトXと呼ばれていた）。この東海岸のリゾートは1971年10月にオープン予定で、ウォルト・ディズニー・ワールドのマジックキングダム・パークにも「ホーンテッドマンション」をつくることが早くから決まっていた。

2年足らずのうちに2つの「ホーンテッドマンション」をオープンさせるため、イマジニアたちは最初からすべて2つずつつくることにした。まったく同じ内装が同時につくられ、ひとつはそのままディズニーランドへ。もうひとつはフロリダの受け入れ準備が調うまで倉庫で保管された。ところが、ここでも屋敷を建てる場所が問題になった。

リバティー・スクエア

マジックキングダムの「ホーンテッドマンション」は、ディズニーランドと同じ南部風の外観にはできなかった。ニューオーリンズ・スクエアはつくらないことになっていたからだ。そこでイマジニアたちは、ウォルト・ディズニー・ワールドが開園する1971年の数年後にアメリカ建国200周年が控えていることを前提に、かつてウォルトが考えたリバティー・ストリートを復活させ、そのコンセプトをふくらませてリバティー・スクエアを考案したのだった。そしてここに、アメリカの歴代大統領が一堂に会する「ホール・オブ・プレジデンツ」と「ホーンテッドマンション」が置かれることになった。

リバティー・スクエアは、リバティー・ストリートのコンセプトを引き継ぎ、13植民地時代の生活を再現したものだ。イマジニアたちは、新しいコンセプトにふさわしい屋敷を探してニューヨーク州のハドソン・リバー・バレー

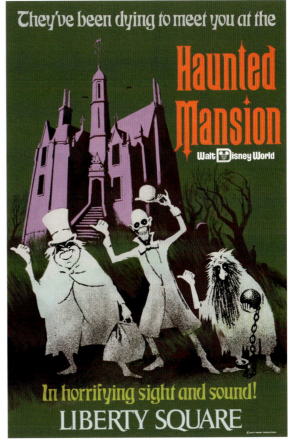

へ赴き、この地域特有の風格ある古いマナーハウス（中世ヨーロッパの荘園領主の屋敷）から着想を得た。このような邸宅で、イギリス、オランダ、ドイツからの入植者たちが炉端に集まり、ワシントン・アーヴィングが発表した「スリーピー・ホロウの伝説」や首なし騎士などの超自然の物語を紡いだのだ。ディズニーランドの「ホーンテッドマンション」を製作した際も参考にしたヴィクトリア時代のデザインの本が、ここでも参考にされた。イマジニアたちは、ペンシルヴァニア州ジム・ソープに1874年に建てられたゴシック様式のハリー・パッカー・マンションも訪れている。

こうして屋敷の外観は、南北戦争前の南部の大邸宅から植民地時代のオランダ・ゴシック様式のマナーハウスへと変更された。最終デザインには、独立戦争前のハドソン・リバー・バレーにおいて特徴的な、力強いゴシックデザインが多く組みこまれた。大きな礎石や隅石、イギリスのチューダー様式に見られる石や煉瓦造りなどである。力強い垂直線が特徴的で、建物が頭上高くそびえて威嚇しているような印象を強めている。

イマジニアたちがこの様式を選んだのは、アトラクションの外観をディズニーランドのオリジナル版より恐ろしげにしたいと思ったからだった。そのため、クロード・コーツみずから寸法や装飾品を調整して、屋敷がさらに恐ろしく、不吉に見えるようにした。両翼はかぎ爪のような形をしていて、まるで建物が見る者に迫り、今にも攻撃してくるかのようだ。ディズニーランドの「ホーンテッドマンション」は、警告の看板があるにもかかわらず、のどかそうな外観のせいで、多くの親たちがどんな年齢の子どもでも楽しめるものと思いこみ、入ってから幼い子どもには強烈すぎると気づくことになってしまった。マジックキングダムではこのような事態を避けるため、イマジニアたちは、ゲストが列に並ぶ前にどんなアトラクションなのかわかるように、ほのめかすことにしたのだ。

マジックキングダム・パーク開園の半年前、1971年4月にはアトラクション全体が設置されて準備が完了した。フロリダの「ホーンテッドマンション」を、ディズニーランドと並行して進めるという決断は功を奏し、ウォルト・ディズニー・ワールドの歴史上「ホーンテッドマンション」は最も円滑に進んだプロジェクトのひとつとなった。

左ページ：オランダ・ゴシック様式が用いられたウォルト・ディズニー・ワールドの「ホーンテッドマンション」。**上左**：ハーブ・ライマンによるコンセプト・アート。ニューヨーク州ハドソン川下流のハドソン・リバー・バレーから抜け出てきたような独立戦争前のマナーハウス。実際に建てられた「ホーンテッドマンション」とは大きく異なっている。**上右**：ウォルト・ディズニー・ワールドの「ホーンテッドマンション」のポスター。ディズニーランドのポスターをもとに1971年にジョージ・ジェンセンが改作した。**左**：建設中の「ホーンテッドマンション」。ショーが展開される巨大な建物が、比較的小さな入り口正面をいっそう小さく見せている。

FROM A DISNEYLAND ORIGINAL TO THE MAGIC KINGDOMS   37

幽霊はファンタジーランドへ――東京スタイル

　アメリカ国外初のディズニーパークとなる東京ディズニーランドにおいては、ディズニーランドとマジックキングダム・パークの代表的なライドやアトラクションを再現することになるのは明らかだった。もちろん「ホーンテッドマンション」も含まれていたが、最大の問題は、またしても、どこに建てるかということだった。ニューオーリンズ・スクエアはつくらないことになっていたし（アドベンチャーランドの「カリブの海賊」周辺にその要素や雰囲気が用いられたが）、アメリカ特有のエリアであるリバティー・スクエアもない。「ホーンテッドマンション」は行き場を失い、イマジニアたちはパーク内のどこかにアトラクションの場所を見つけなければならなかった。これまでアメリカでは、「ホーンテッドマンション」のエリアとしてメインストリートUSAやフロンティアランドが何度となく計画されてきたが、これらのテーマランドに相当する東京ディズニーランドのワールドバザールとウエスタンランドに「ホーンテッドマンション」はふさわしくないと思われた。

　場所探しは続き、イマジニアたちは最終的に日本文化のなかに答えを見出した。日本では、幽霊やお化けはおとぎ話や寓話に分類されることが多い。おとぎ話はファンタジーランドに属するから、「ホーンテッドマンション」もファンタジーランドにぴったりというわけだ。場所の次は外観をどうするか。東京のファンタジーランドはフロリダと同様、フランス・ゴシック様式のシンデレラ城を筆頭に、ヨーロッパ風になることがわかっていた。フロリダの「ホー

上左：ディズニーランドの「ホーンテッドマンション」に影響を与えたヴィクトリア様式のデザインの本のイラスト。その隣は、このイラストに着想を得てフロリダのアトラクション用にクロード・コーツが描いた絵。初期コンセプトよりも不吉な雰囲気になっている。**上右**：東京ディズニーランドの「ホーンテッドマンション」に置かれたグリフィンのような怪物は、このアトラクションをファンタジーランドになじませるのに役立った。**上および右2枚**：初めてアメリカを出て日本に向かう「ホーンテッドマンション」の準備をするイマジニアたち。

38　THE HAUNTED MANSION

ンテッドマンション」は、植民地時代にイギリス人とオランダ人の入植者がもちこんだ建築様式のおかげでヨーロッパの趣を湛える一方、フロンティアランドを流れるアメリカ河の土手から見ても、ごく自然に周囲の風景となじんでいた。そこでイマジニアたちは、東京も同じデザインにすれば、ファンタジーランドとウエスタンランドをうまくつなぐことができるだろうと判断した。こうして東京でも「ホーンテッドマンション」はオランダ・ゴシック様式の建物になったのである。

　東京ディズニーランドの「ホーンテッドマンション」は、内側も外側もウォルト・ディズニー・ワールドと同一だが、イマジニアたちは外観に重要なものを加えた。表門の２本の柱の上にグリフィンのような大きな怪物の像を置いたのだ。このファンタジックな像は、ゴシック様式の「ホーンテッドマンション」を、よりいっそうファンタジーランドに調和させる役割を果たしている。

　その後、東京ディズニーランドの開園から10年もしないうちに、「ホーンテッドマンション」は、また別のパークに建設されることになった。イマジニアたちは、はるか昔の構想に立ち返って新しいアトラクションを構築することになったのだ。

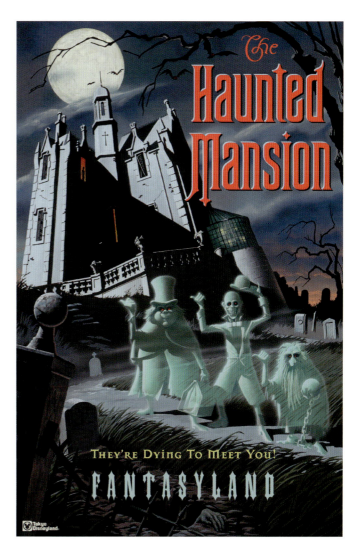

右：ジョージ・ストークスとデビー・ロードが1998年に製作した東京ディズニーランドの「ホーンテッドマンション」のポスター。**下**：ファンタジーランドとウエスタンランド（のちにクリッターカントリーが建設された）を違和感なくつなぐ、東京ディズニーランドの「ホーンテッドマンション」。

FROM A DISNEYLAND ORIGINAL TO THE MAGIC KINGDOMS

ディズニーランド・パリ：
ファントム・マナー

フランス風の展開

　1984年、ディズニーランド・パリの建設計画が動きだした。ウォルト・ディズニー・ワールドのような複合リゾートで、場所はパリの東20マイル（約32km）の青々とした農業地帯マルヌ・ラ・ヴァレ。このリゾートで重要とされたのは、カリフォルニア州アナハイムにある元祖ディズニーランドを、新たな解釈で演出することだった。ディズニーランドでの経験が豊富なイマジニア、トニー・バクスターが、これまでの経験をヨーロッパのゲスト向けに新しくつくり直すクリエイティブチームのリーダーに任命された。フランスの担当者たちは日本とは異なり、アメリカ式のパークをそっくりそのまま複製することには関心がなかった。つまりイマジニアたちは、まったく異なる文化をもつ人々の心に響くようにストーリーを変換しなければならなかったのである。この再創造はイマジニアたちに、みずからがつくった代表的なアトラクションを再検討する機会を与えた。「ホーンテッドマンション」の場合、それは原点に返ることを意味していた。

故郷に戻る

　「ホーンテッドマンション」は、ケン・アンダーソンが最初のストーリー・コンセプトを書いてから何十年も経て、ついに〝故郷〟フロンティアランドに戻ってきた。パリの

左ページ：ダン・グージーによるコンセプト・アート。最終的にディズニーランド・パリの「ファントム・マナー」のポスターに使用された。**上2枚**：「ホーンテッドマンション」をフロンティアランドに〝戻した〟イマジニアのトニー・バクスター（上）とジェフ・バーク。**下**：トム・ギリオンによるフロンティアランドのコンセプト画。

FROM A DISNEYLAND ORIGINAL TO THE MAGIC KINGDOMS　　41

新パークにはニューオーリンズ・スクエアもリバティー・スクエアもないし、メインストリートUSAはすでに建物でいっぱいだった。そしてファンタジーランドに「ホーンテッドマンション」を設置するのは、日本とは違って文化的にしっくりこなかった。明らかにコンセプトが異なるアドベンチャーランドとディスカバリーランド（ディズニーランド・パリ版のトゥモローランド）を除外すると、フロンティアランドしかなかったというわけだ。

幸いフランスでは、文化的に「ホーンテッドマンション」はフロンティアランドにふさわしいということがわかった。「フランスではゴシック様式の邸宅や墓地が身近にあります。毎日のように目にするため、エキゾチックでも神秘的でもないのです」とトニー・バクスターは語っている。「ゲストの心に訴える工夫が必要でした」

フランスと日本のゲストの共通点は、アメリカ西部開拓時代の伝説に魅力を感じるということだった。卑劣な無法者、勇敢なカウボーイとアメリカ・インディアン、そして果実をつけた木々が大平原一面に広がる光景は、ヨーロッパでは見られないものだった。

フロンティアランドは、新パークのとくに重要な構成要素になる予定だった。トニーとエグゼクティブデザイナーのジェフ・バークは、フロンティアランド全体のよりどころとなる複雑なバックグラウンドストーリーをつくりだし、フランス風に「ファントム・マナー」と名を変えた幽霊屋敷と、かの有名な「ビッグサンダー・マウンテン」を、ゴールドラッシュによって生まれた荒っぽく活気あふれる架空の町サンダー・メサの伝説に組みこんだ。

サンダー・メサ

サンダー・メサとその周辺の発想のもとになったのは、かつてマーク・デイヴィスが「カリブの海賊」の西部版としてウォルト・ディズニー・ワールドのマジックキングダム・パークのために計画していた「ウエスタンリバー・エクスペディション」のキャラクターと設定だった。トニーとジェフがつくった新しいストーリーでは、サンダー・メサの中心は、ファーウエスト河に浮かぶ島（それぞれアメリカ河とトムソーヤ島にあたる）にそびえる「ビッグサンダー・マウンテン」だ。伝説によると、その山には金があり、人物実業家のヘンリー・レイブンズウッドがサンダー・メサ鉱業会社を設立して採掘を始めた。レイブンズウッドは金鉱を掘り当て、採掘現場周辺には新しい町が生まれて埃っぽい道や日に焼けた木造の建物がつくられていった。ごつごつした岩山とその内部の迷路のような坑道は、「ビッグサンダー・マウンテン」の暴走列車の舞台になった。そして運命の定めというべきか、ヘンリー・レイブンズウッドは、のちに「ファントム・マナー（幽霊屋敷）」となる家を建てたのである。

ページ上：全盛期のレイブンズウッド家の邸宅を描いた絵。邸宅の上には不吉な雲が。**上**：ジョン・ホーニーによるサンダー・メサの歴史を描いた絵。

42　THE HAUNTED MANSION

ファントム・マナーの伝説

　ゴールドラッシュの最盛期に金鉱で大儲けをしたヘンリー・レイブンズウッドは、サンダー・メサの町を見おろす丘のてっぺんに、荘厳なヴィクトリア様式の邸宅を建てた。妻マーサと幼い娘メラニーにとっては申し分のない暮らしだったが、やがて金脈が尽きるとともにヘンリー・レイブンズウッドの運も尽きることになった。1860年、メラニーが結婚式の準備をしている最中に、サンダー・メサは大地震に襲われたのだ。

　ヘンリーとマーサは地震で亡くなり、メラニーもそれきり姿を消した……だが、彼女は本当にいなくなったのだろうか？　かつての大邸宅は荒れ果て、打ち捨てられたが、時折暗い窓越しに不気味な影が見えたり、屋敷のなかから奇妙な音が聞こえたりするので、地元の人たちはその古い家を「ファントム・マナー」と呼ぶようになった。地震の日、屋敷でいったい何が起きたのか？　メラニー・レイブンズウッドは生きているのか、死んだのか？　そして花婿はどうなったのか？

　真実が明かされたのは、レイブンズウッド夫妻の死とメラニーの失踪からずいぶん経ってからだった。メラニーの婚約者は、サンダー・メサから遠く離れた土地へ彼女を連れていこうとしていた。ヘンリーはそれを許さず、何としても結婚をやめさせると断言していたが、運命の地震がそれを阻んだ……だが、本当にそうだったのか？　地元の人たちは、ミステリアスな幽霊、つまりファントムはヘンリーその人であり、自分の意に反して娘が結婚しないように、あの世から娘の婚約者を殺したのだと信じている。メラニーは生き延びたが決して家から離れず、死ぬまで、そして死してなお、ウエディングドレスを着たまま屋敷内をさまよい歩いている。ヘンリーも家を離れなかった……娘を永遠にサンダー・メサから出さないために。そしてメラニーの婚約者もまた屋敷に留まっている。伸びる部屋で、ロープを首にかけたまま……。

　現在、屋敷は開放され、ゲストは自分たちで「ファントム・マナー」の秘密を明らかにすることができる。そこでは、ファントムと花嫁になれなかった花嫁が、屋敷を訪れる人々の魂をめぐって永遠の争いを演じている。ファントムと大勢のゴーストや悪鬼たちは、あらゆる手を尽くして訪問者をあの世に引きこもうとし、花嫁は懸命にゲストを助け、彼らが生きながらえて「ファントム・マナー」の秘密を語り継いでくれることを願っているのだ。

上2点：「ファントム・マナー」では、善と悪の戦いが、慈悲深い花嫁のメラニー・レイブンズウッド（上）と彼女の父と思われる非道なファントム（下）によって具現化されている。**左**：ダン・グージーによる「ファントム・マナー」のコンセプト・アート。

FROM A DISNEYLAND ORIGINAL TO THE MAGIC KINGDOMS

る『アダムス・ファミリー』風の邸宅によく似ている。

恐怖の音楽と声

　外観だけでなく、テーマ音楽もまた"不穏な大変貌"を遂げた。映画音楽作曲家のジョン・デブニー（代表作『ホーカス ポーカス』『ラストサマー』『アイアンマン２』）が、オリジナルの「グリム・グリニング・ゴースト」に豪華なオーケストラアレンジを施し、映画のサウンドトラックのように、アトラクションに背景音楽をつけた。おなじみのフレーズが、不気味なオルゴールの音色になったり、亡霊が集う安酒場ではホンキートンク調のピアノバージョンが演奏されたり。リズミカルなソプラノで花嫁の悲しみに沈んだソロパートを歌っているのは、イマジニアでアマチュアオペラ歌手でもあるキャサリン・メイヤリングだ。楽曲は、ロンドン室内管弦楽団が、同市にある有名なアビー・ロード・スタジオで録音した。

　それまでの「ホーンテッドマンション」のように、「ファントム・マナー」も独特の声のパフォーマンスが印象的だ。仮のサウンドトラックを編集したとき、イマジニアたちは、マイケル・ジャクソンの大ヒット曲「スリラー」の最後に流れるヴィンセント・プライスの特徴的な笑い声を、ファントムの邪悪な笑い声として使った。その瞬間から、イマジニアたちにとってはヴィンセント・プライスがファントムとなり、ホワイエ、伸びる肖像画の部屋、肖像画の廊下でのゴーストホストのナレーションは彼が担当した。

丘の上の屋敷

　陰気で今にも崩れそうな「ファントム・マナー」は、どの「ホーンテッドマンション」よりも恐ろしげだ。これは、美しい外観を保つというウォルト・ディズニーの希望に反するように思えるが、アトラクション名と同様に家のデザインも、欧州全土の国々からやってくるゲストを考慮しての変更だった。言葉に頼ることなく、建物の外観からアトラクションの内容を伝える必要があったのだ。

　フロンティアランドのダウンタウンは、西部開拓時代の典型的な町、アリゾナ州のトゥームストーンをそのままもってきたかのようだが、「ファントム・マナー」が建っている富裕層の住むエリアは、19世紀のネバダ州ヴァージニアシティから着想を得ている。事実「ファントム・マナー」は、ヴァージニアシティに現存する４階建てのヴィクトリア様式のフォース・ワード・スクールハウスや、1951年のハーパー・ゴフによる最初のスケッチに見られ

上：フェルナンド・テネドラによるコンセプトデザイン。「ファントム・マナー」下方にサンダー・メサの町が広がっている。**下左：**ネバダ州ヴァージニアシティのフォース・ワード・スクールハウス。現在は博物館になっている。**下右：**イマジニアが「ファントム・マナー」の模型を調整しているところ。「Phantom Manor」という名称は、英語とフランス語でほぼ同じ「幽霊屋敷」という意味をもつことからつけられた。

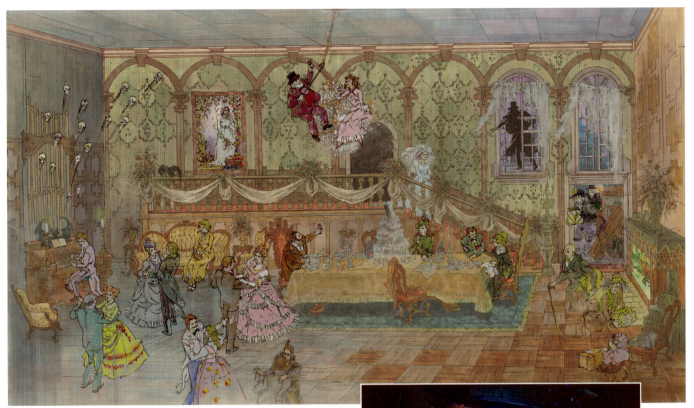

上：不運なメラニー・レイブンズウッドのウエディングパーティーの絵。右：ポール・フリースが声を演じる、サンダー・メサのゴースト市長。通りすぎるゲストに、帽子をかかげて挨拶をしている。下：ヴィンセント・プライス（左から2番目）が新しいゴーストホストのセリフを録音しているところ。

　しかし残念なことに、ヴィンセントのナレーションは短命だった。アトラクションがオープンしてまもなく、運営側がフランス語のナレーションを要求してきたのだ。ゴーストホストのごく短いセリフは、フランス人俳優のジェラール・シュバリエによって再録音された。しかし、ヴィンセントによるファントムの笑い声は、今もなおアトラクションの至るところで聞くことができる。

　マダム・レオタ役のウーナ・リンドは、フランス語と英語の両方で呪文を唱えた。ウーナはアトラクションの最後でゲストに呼びかける「Hurry ba-ack（戻っておいで）」というセリフも吹きこんだが、これはパリではリトル・レオタでなく、花嫁のセリフになっている。オリジナルのゴーストホストの声優ポール・フリースもサンダー・メサのゴースト市長としてカメオ出演している。サンダー・メサの町は「ホーンテッドマンション」の墓地のシーンの代わりに、アトラクションのクライマックスの舞台になっている。

　「ファントム・マナー」はディズニーランド・パリとともに1992年4月12日にオープン。またたくまにパークで最も人気があるアトラクションのひとつとなり、世界じゅうのディズニーファンと「ホーンテッドマンション」ファンの賞賛を集めたのだった。

FROM A DISNEYLAND ORIGINAL TO THE MAGIC KINGDOMS　　45

香港ディズニーランド：
ミスティック・マナー

3つのミニランド

　ディズニーランド・パリが、丘の上の古い屋敷に最初のゲストを招き入れてから15年後、今度は香港に「ホーンテッドマンション」がつくられることになった。香港ディズニーランドの開園から2年ほど経った2007年夏、イマジニアたちは、香港のパークを拡張してアナハイムのオリジナルより大きくするようにとの要請を受けた。拡張計画を率いることになったのは、経験豊富なイマジニアのジョー・ランジセロだ。ジョーは、ディズニーが創設に関わったカリフォルニア芸術大学でティム・バートンらと学んだ人物で、ミッキーのトゥーンタウンなど、数々のプロジェクトを手がけてきた。

　ジョーは香港ディズニーランドについて「美しいパークだけど、小さすぎた」と述べている。

　しかし拡張計画は、さすがのイマジニアをもってしても難題だった。ジョーは早速、コンセプト・デザイナー兼クリエイティブ・ディレクターのロバート・コルトリンに相談した。ロバートは、限られた敷地内にフルスケールのアトラクションの構想を練るという並外れた能力をもつレイアウト・アーティストでもあり、イマジニアリングにおける現代のクロード・コーツとでもいうべき存在だった。ジョーいわく「ロバート・コルトリンには感謝するほかありません。彼はパーク拡張という大計画のあらゆる面で助けになってくれました」。

　ジョーとロバートらのクリエイティブチームは当初、単一のビッグアトラクションからなるテーマランドをひとつ追加することを考えていた。しかし、当時ディズニーの財務責任者だったジム・ハントが、中国の文化は"数える文化"だと指摘した。重要なのは数で、多ければ多いほどいいのだ。そこでイマジニアたちは、利用可能な予算と土地の使い道を再検討した。

　「私たちは10か12くらいのテーマランドを考え、その後、

上：夜の香港ディズニーランド。パークのあるランタオ島のペニーズベイから市街地を望む。**右ページ**：クリストファー・スミスが描いた「ミスティック・マナー」のコンセプト画。

46　THE HAUNTED MANSION

特定の知的財産権に触れない3つのミニランドに絞りこみました」とロバートは言う。ジョーも「新ランドひとつよりも、複数の異なるミニランドをつくったほうが、実際よりもパークを大きく感じさせられるだろうと思ったのです」と語っている。「また、マジックキングダムと、マジックキングダムのDNAを受け継ぐものに忠実であり続けたいとも思いました」

香港のパークにはフロンティアランドがなかったので、チームが最初に決めたのは、アメリカ西部をモチーフにしたミニランドだった。「それがグリズリー・ガルチです」とジョー。「伝統的なフロンティアランドとはいろいろな点で異なっているけれど、確実に同じ感覚をもつものです」。グリズリー・ガルチの中心アトラクション「ビッグ・グリズリー・マウンテン・ランナウェイ・マイン・カー」は、ディズニーが誇る「ビッグサンダー・マウンテン」とディズニー・カリフォルニア・アドベンチャーのグリズリー・ピークの独特な岩山を組みあわせたもので、まったく新しいアトラクションとなった。

新たなアトラクションは、中国側にとっても重要だった。香港ディズニーランドは開園時から、さまざまなアトラクションを呼び物にしていたが、それらはどれも世界のディズニーパークのアトラクションを翻案したものだった。そのため、中国チームは、香港ディズニーランド独自のオリジナルコンテンツを求めていたのだ。

とはいえ、2つめのミニランドはオリジナルではなく、ディズニーランド・パリのウォルト・ディズニー・スタジオ・パークにオープンしたばかりで人気を博していたトイ・ストーリー・プレイランドの香港版となった。

これでイマジニアが拡張計画を完成させるのに必要なミニランドは、残りひとつ。伝統的でありながら新しいものが求められた。

ロバートが言うには、「香港のパークにはダークライドがあまりありませんでした。だから我々は『ホーンテッドマンション』式のアトラクションがふさわしいと考えました。なぜなら、アニメーション映画を題材にしていないにもかかわらず、クラシックなディズニーアトラクションというイメージがあるからです」。

ジョーもこう回想している。「『ホーンテッドマンション』は早くから候補にあがっていました。僕らが香港パークに『イッツ・ア・スモールワールド』をつくろうとしたとき、経営陣が『ホーンテッドマンション』もそこに置こうと言ったのです。『ホーンテッドマンション』はスモールワールドと同様に世界じゅうで有名だし、マジックキングダムを訪れたら必ず見たいアトラクションです。でも、ゲストを満足させるには、何か新しい工夫が必要でした」。それは、既存の「ホーンテッドマンション」の単なる改良版では解決しそうになかった。

答えは中国の文化のなかにあった。日本では幽霊やお化けを空想的なものとしてみなす文化があるため、「ホーンテッドマンション」をファンタジーランドに置くことになった。中国のゲストも日本と似ていて、幽霊や霊魂をアメリカ人のようには考えない。中国人は先祖に深い敬意を払う。そして、死者の魂は尊ばれ、崇められるものと信じている。だが、決して近寄りはしない。孔子の格言にも「鬼

上：オリジナルのディズニーランド、パリに続き、3つめの「眠れる森の美女の城」。背景に本物の山が堂々とそびえている。右：「ビッグ・グリズリー・マウンテン・ランナウェイ・マイン・カー」の眺め。グリズリー・ガルチ・ミニランドの主役である。

48　THE HAUNTED MANSION

上：東京ディズニーシーの「タワー・オブ・テラー」。ヘンリー・ミスティック卿の先駆けともいえるハリソン・ハイタワー三世のモデルとなったのは、イマジニアのジョー・ロードだ。右：クリス・ターナーによる、輝かしい探検家・冒険家学会の創設メンバーのコンセプト画。ハリソン・ハイタワー三世やヘンリー・ミスティック卿の姿も見える。

神を敬して之を遠ざく」とあるように。

「『ホーンテッドマンション』はマジックショーです」とロバートは言う。「イエール・グレイシーが何やらいじりまわしているうちに、最後は本当にすばらしいイリュージョンを披露するショーになりました。だから私は、こう考えたんです。ここから始めよう。これを"イリュージョンショー"と捉え、死者にこだわるのはやめよう、と。このことは、コンセプトを考える際の指針になりました。特殊効果のスタッフは、中国の文化に無礼を働く心配をすることなく、仕事に打ちこめるようになったのです」

「中国人の死生観は我々とは大きく異なります」とジョーはつけ加える。「歌を歌う楽しげなゴーストは、これまでのような効果は生まないでしょう」。そのため、ジョーは経営陣のところへ行って、オリジナルの「ホーンテッドマンション」の"生まれ変わり"では中国のゲストには受けないだろうと伝え、「でも私たちには、別のストーリーがあります……」と続けた。

探検家・冒険家学会会員とヘンリー・ミスティック卿

2006年秋、東京ディズニーシーに「タワー・オブ・テラー」がオープンした。このアトラクションの創造を統括したのがジョー・ランジセロだった。「タワー・オブ・テラー」はフロリダやパリにある「トワイライトゾーン・タワー・オブ・テラー」の翻案だが、アメリカやヨーロッパと比べ、日本ではテレビ番組の「トワイライトゾーン」になじみが薄いため、ジョーと彼が率いるクリエイティブチームは新たな物語をつくった。珍しい古代遺物を収集している裕福な旅行家、ハリソン・ハイタワー三世のエピソードだ。彼は探検家・冒険家学会（S.E.A.／Society of Explorers and Adventurers）の創設メンバーのひとりで、ニューヨーク市にあるホテルハイタワーの所有者だった。しかし、彼が非合法に入手した呪いの偶像シリキ・ウトゥンドゥが、かつての高級ホテルを文字どおりの「タワー・オブ・テラー」に変えてしまう。ジョーは、S.E.A.のほかの創設メンバーが別の不思議な物語の主役になる可能性を考えていたが、

FROM A DISNEYLAND ORIGINAL TO THE MAGIC KINGDOMS

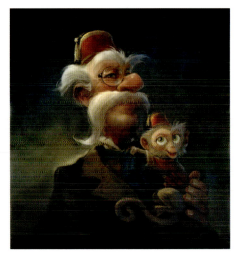

左と上：イーサン・リードとクリス・ターナーによる、ヘンリー・ミスティック卿と彼の忠実な友アルバートのコンセプト画。**下の左と中央**：クリス・ターナーが描いた世界旅行中のヘンリー卿。**下の右**：イーサン・リードによるアルバートのキャラクター習作。

それが香港ディズニーランドで実現することになった。

ジョーとロバート・コルトリンは、ディズニーのベテランショーライター、マイケル・スプラウトとともに、ヘンリー・ミスティック卿というキャラクターを考えだした。彼はハリソン・ハイタワー三世と同じくらい変わり者だが、はるかに高潔な人物だ。「私たちは、館の主をミスティックという名にしました。ここが不気味な場所だということをゲストに伝えるためにね」とロバートは言う。「とはいえ、正確にはアトラクションが始まるまでは"不気味"ではあ

りません。設定上、『ミスティック・マナー』ではヘンリー卿が自身のコレクションを見せて回るごく普通のツアーが行われることになっているのですから」

ディズニーのストーリーでは善良な主人公には相棒がつきものだ。そこでイマジニアリングのチームは、ヘンリー卿が熱帯地方の探検中に巨大グモの巣から救ったという子ザルを生みだした。ヘンリー卿は愛する伯父の名にちなみ、子ザルをアルバートと名づけた。ロバートはアルバートについて「サルにしたのは、わかりやすかったからです」と説明している。「中国の文化ではサルはいたずらものの象徴で、何か面倒を起こすと予感させるんです」

ヘンリー卿は、未踏のジャングルと川を見おろす青草の生い茂った丘の上に自分とアルバートが住む家を建てて、そのあたりをミスティック・ポイントと名づけた。「ミス

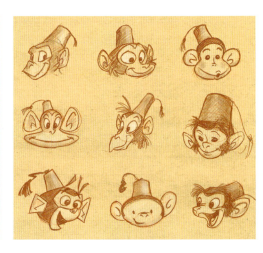

50　THE HAUNTED MANSION

ティック・ポイントを熱帯地域に設定することで、『ジャングル・リバー・クルーズ』の隣に設置することも理にかなっているように思えました」とロバートは言う。「川とジャングル全体を借景にすることができるため、パークが狭くても実際よりも広いように感じられます。小さな場所を大きく見せる賢いやり方です」

ジョーはこうつけ加えている。「十分に考慮して邸宅を配置しました。『ジャングル・リバー・クルーズ』のボートが見えないようにして、ミスティック・ポイントが、まさに文明の外れにあるように見せたんです」

「ミスティック・マナー」と名づけられた邸宅は、ヘンリー卿個人の住まいであり、彼の膨大なコレクションの収蔵場所でもあった。小さなアルバートはヘンリー卿の人生において重要な役割を演じた。高名な探検家であるヘンリー卿の調査旅行に同行し、いたずらをしてほかのS.E.A.メンバーを困らせたりもした。そして邸宅は、世界で最も卓越した私設博物館のひとつとなった。世界じゅうから収集した絵画、彫刻、兵器、楽器など膨大なコレクションを見て回ることができるのは――ヘンリー卿とアルバートに会える機会とともに――ミスティック・ポイントへの旅に乗りだす者だけに与えられた特権だ。

ヘンリー卿は屋敷を見学するゲストのため、独創的な新しい乗り物〝ミスティック・マグネット・エレクトリック・キャリッジ〟を発明した。東京ディズニーシーの「タワー・オブ・テラー」のシリキ・ウトゥンドゥと同様に、「ミスティック・マナー」の〝マクガフィン〟（映画監督のアルフレッド・ヒッチコックによる造語で、ストーリー展開のきっかけとなる仕掛け）も呪われた遺物だ。それに手を出すような愚か者は必ず、コントロール不能な力を解き放っ

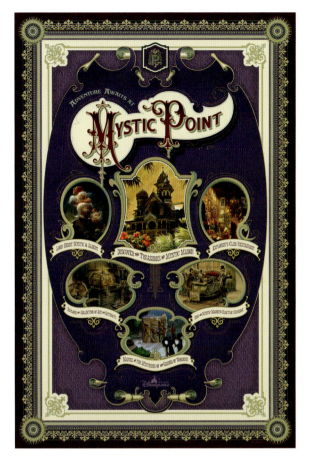

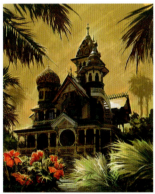

上：ミスティック・ポイントのポスター。「ミスティック・マナー」のアトラクションポスターでもある。クリス・ターナーとレイ・カッドのイラストをゲーリー・ガビーが構成。**左**：クリス・ターナーによる「ミスティック・マナー」のコンセプト画。**下**：レイ・カッドによるコンセプト・スケッチ。博物館のようなヘンリー卿の邸宅。

てしまい、最悪の事態を招くことになる。

貴重な収集品が集められた部屋からツアーがスタートすると、ヘンリー卿は、アルバートを残してしばし席を外す。当然のごとくアルバートはいたずらを始め、凝った彫刻が施された新しい収集品の箱のふたを開けてしまう。それは、魔力をもつといわれているオルゴールで、魅惑的なメロディーとともにキラキラ輝く世にも不思議なミュージック・ダストが流れ出てくる。この魔法のミュージック・ダストが触れたものは、彫刻であれ、楽器であれ、絵画であれ、すべて生命を宿すのだ。

アルバートは部屋から部屋へと宙に漂うミュージック・

FROM A DISNEYLAND ORIGINAL TO THE MAGIC KINGDOMS

左：クリス・ターナーによるコンセプト画。魅力的なオルゴールを開けようとしているアルバート。
下：同じくクリスによる、オルゴールを開けたことによって起きた超自然現象のコンセプト画。

戯画化されたヘンリー卿とアルバート

「ミスティック・マナー」のデザインに重要な進展をもたらしたのは、イマジニアの巨匠マーク・デイヴィスの哲学だった。その起源は1963年、マークが、それまでリアル一辺倒だった「ジャングルクルーズ」に新たに追加したシーンにある。"サイから逃げる探検隊"など、ひと目で状況やキャラクターがわかるユーモラスなシーンだ。

ジョー・ランジセロによれば「当初のデザインは東京ディズニーシーの『タワー・オブ・テラー』のような感じだった」という。「ミスティック（ヘンリー卿）は、本物のサルを従えた生身の人間が演じる予定で、邸宅の外観も内装も、もっとずっと伝統的なデザインでした。でも、ここはマジックキングダムだから『ホーンテッドマンション』のように軽いタッチが必要だったんです。マーク・デイヴィスの幽霊は戯画化されていて、楽しくて愉快です。その特性をここでも生かしたいと思いました」

「私たちは"マーク・デイヴィス"を、わかりやすいギャグを表す形容詞として使いました」とロバート・コルトリン。「たとえば、ほっぺたを膨らませて水を吐き出してい

ダストを追いかけながら、どんどん状況を悪化させ、ゲストはアルバートとともに「ミスティック・マナー」のなかを通り抜けるマジカルなライドを体験する。ツアーのクライマックスでは超常現象の旋風が巻き起こり、邸宅が崩壊してアルバートとゲストも宙に投げ出されたようになる。ついにアルバートはなんとかミュージック・ダストをオルゴールのなかに戻し入れ、ふたを閉める。アルバートとゲストは最初の部屋に帰り、邸宅はもとの平穏を取り戻してツアーは終わるが、そこへ何も気づいていないヘンリー卿がひょっこり顔を出して、アルバートに警告を与えるのだ。「オルゴールに触らないように！」と。

る『カリブの海賊』の市長みたいにね」

　チームは、クリエイティブ・ディレクターのマーク・シャーマーとコンセプト・デザイナーのイーサン・リードに、写真のようにリアルに描かれたヘンリー卿とアルバートを、マーク・デイヴィスが生みだした幽霊や海賊やカントリーベアたちと並べても違和感がないようなキャラクターに変身させるよう協力を求めた。

　ストーリーのなかでキャラクターを確立させるため、イマジニアたちは意外なものからもインスピレーションを得た。「1987年の映画『プリンセス・ブライド・ストーリー』を何度も見ました」とジョーは言う。「この作品ではキャラクターの外見が極端に戯画化されているからです。けれど、彼らが暮らしている環境は現実世界に根ざしています」。真実味のある環境だからこそ人々は引きこまれ、ストーリーや恐ろしいシーンに魅了されるのだ。

　また、香港のパークはさまざまな言語のゲストを迎えることが予想された。「全面的に会話に頼ることはできませんでした。マークをはじめ映画やアニメーションの出身者が多かった初期のイマジニアたちから学んだのは、素早く感情を伝えること。それはたいてい戯画を通して行われていました」。こう語るジョーは、マークたちが、言葉を使わずに物語を伝える方法を教えてくれたと信じている。

　こうしてアルバートは、ゲストが表情を読みとりやすいよう、とびきり大きな瞳をもつことになった。アルバートは動きで状況を示し、次々に展開する出来事に応じてゲストに感情を伝えていく。「始まりは穏やかです」とジョーは説明する。「その後動くはずのないものたちが突然生命を得ると、次第に状況が悪化していくのです」

神秘的な邸宅

　アトラクション全体を戯画化するというクリエイティブチームのアプローチは、邸宅のデザインにも反映された。イマジニアたちがフロリダと東京の「ホーンテッドマンション」を"オランダ・ゴシック様式"と呼んだように、「ミスティック・マナー」の独特なスタイルは"熱帯・ヴィクトリア朝折衷様式"と呼ばれるようになった。

　「『タワー・オブ・テラー』のデザインからヒントを得た部分もあります。『タワー・オブ・テラー』の建築はハイタワー三世の世界旅行を反映しています。ヘンリー卿の邸宅もそうしたかった」とジョーは言う。アメリカ植民地時代のイギリス人探検家の住まいである「ミスティック・マナー」は、ゴシック様式のアーチ、カンボジアの寺院の特徴、タマネギのようなロシアのドーム型の屋根など、ヘンリー卿の旅行に呼応するように世界各地の多様な影響が見られる。ジョーいわく「そうすることで、ミスティック・ポイントに足を踏み入れたゲストに、ひと目で内容を提示できるし、屋敷を我々が望むような戯画化された外観に近づけることもできました」。

　「ミスティック・マナー」の外観を手がけたのは、プロダクション・デザイナーのオスカー・コボスだ。オスカーは、

上：クリス・ターナーによる初期の絵。リアルなヘンリー・ミスティック卿とアルバートの公式肖像画。左：イーサン・リードによる戯画化されたバージョンのアルバート。右と下：カリフォルニア州ユーレカにあるカーソン邸（右）と、香港ディズニーランドに建てられた「ミスティック・マナー」。

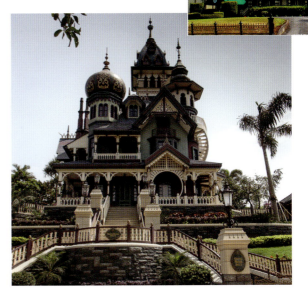

FROM A DISNEYLAND ORIGINAL TO THE MAGIC KINGDOMS　53

カリフォルニア州ユーレカのカーソン邸にインスピレーションを得て、国際色豊かで風変わりなデザインを採用した。ロバート・コルトリンは言う。「オスカーは本当にうまくやったと思います。ジャングルにぴったりハマっています。『ミスティック・マナー』に向かうゲストは建物を見て、何か悪いことが起こりそうだと考えるでしょう。ヘンリー卿がただ者でないとすぐにわかるのです」

無軌道なライド

「ミスティック・マナー」を実際より広く感じさせているのが、ドゥームバギー（30ページ参照）に相当するAGV（無人搬送車）だ。これは床に誘導経路を埋めこんだ無軌道のナビゲーションシステムで、乗り物に搭載されたコンピュータシステムが誘導経路を感知して進むため、レールが不要になる。

このライドシステムのおかげでロバート・コルトリンは、本国の「ホーンテッドマンション」の約3分の2の大きさの建物にアトラクションを押しこむことができた。誘導経路は曲がりくねったり向きを変えたりしながら邸宅のなかを進み、あらゆるシーンの見どころを示す。「ミスティック（ヘンリー卿）とアルバートのプレショーを含めて、ライドの長さは『ホーンテッドマンション』とまったく同じになりました」とロバートは述べている。

6人乗りの乗り物が4台1組になって滑るように進んでいく（1列につながって途切れることなくゲストを運ぶドゥームバギーのオムニムーバーシステムとは異なる）。「軌道のない個別の乗り物はマジックショーにうってつけです。つねにそれぞれの位置がわかりますから」とロバート。「ある方向を見せたくなければ、乗り物を回転させて別のものを見せればいい。『ホーンテッドマンション』が有名なマジシャンのカッパーフィールド型のイリュージョンショーなら、『ミスティック・マナー』は少人数相手に至近距離で行うクロースアップ・マジックといえます。まったく違うけれど、どちらもマジックです」

無軌道のライドシステムのおかげで、乗り物を4台1組として送り出し、途中でそれぞれを孤立させ、再び一緒にして連れ戻すということも可能になった。「スラビック・ノルディック・チャンバー（58ページ参照）に着く頃には1台だけになっています」とロバート。「薄気味悪い物語には最高の仕掛けですよ！ 最初は『仲良しの友だち3人と一緒だから大丈夫！』って思うでしょう。途中で安心感が失われるのが恐怖映画のようで気に入っているんです」

「ミスティック・マナー」のライドシステムは、早い時期からストーリーに組みこまれていた。ヘンリー卿自身が、この革新的な乗り物、ミスティック・マグネット・エレクトリック・キャリッジを設計した、と。マグネットは小型発電機で、「ミスティック・マナー」のストーリーが展開

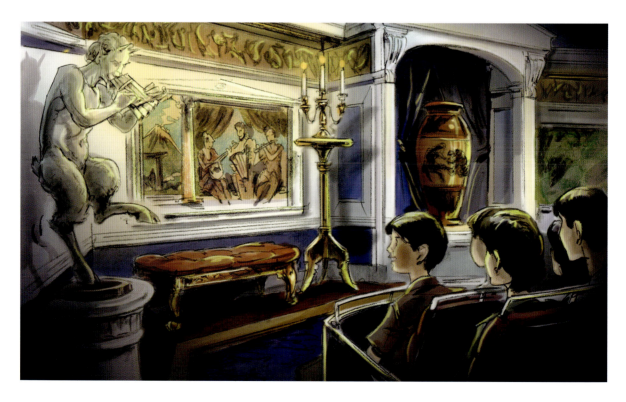

された時代には、電気は未来のものと見なされていた。実際にゲストは、ヘンリー卿のミスティック・マグネット・エレクトリック・キャリッジが、エッフェル塔、トーキー映画、録音機といった〝現代の驚異〟とともに1900年のパリ万博の電気館で発表されたことを知らされるのだ！

パンプキン・キングの再来

「ミスティック・マナー」のストーリーに重要な役割を果たしている音楽を手がけたのは、映画界の偉大な作曲家のひとりであるダニー・エルフマンだ。

2009年9月に初めて開催されたD23 Expo(エキスポ)で、イマジニアたちは大勢のディズニーファンに「ミスティック・マナー」のプレゼンをしたが、ファンの多くは前の晩にディズニーランドで開催された「ホーンテッドマンション」40周年記念イベントにも参加していた。運命のめぐりあわせで、そのなかに、子どもの頃から大のディズニー好きで、偶然にもダニー・エルフマンのエージェントをしていたリチャード・クラフトがいたのだ。リチャードはすぐにダニーに電話し、この企画について話した。

その頃ダニーは、オペラやシルク・ドゥ・ソレイユのショー「アイリス」といった映画以外の分野にも手を広げていた。そして南カリフォルニアで子ども時代を過ごした

左ページといちばん上：クリス・ターナーによる「ミスティック・マナー」のコンセプト画。上：ヘンリー卿が設計した革新的なミスティック・マグネット・エレクトリック・キャリッジ。ドゥームバギーの「ミスティック・マナー」版だ。左：ミスティック・マグネット・エレクトリック・キャリッジの宣伝ポスター。これもアトラクションのストーリーの一環になっている。

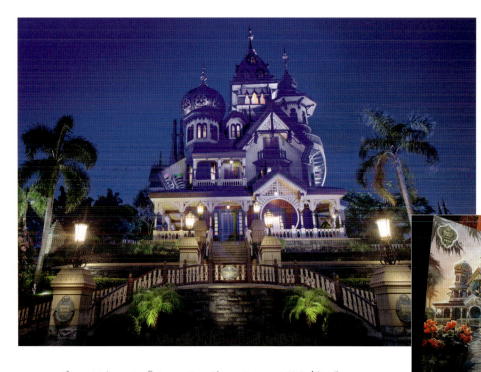

左：不気味にライトアップされた「ミスティック・マナー」。最も新しいディズニーの〝丘の上の家〟だ。下：まさにパンプキン・キングそのもののベテラン作曲家ダニー・エルフマン。「ミスティック・マナー」にて。

ダニーにとって、「ホーンテッドマンション」はお気に入りのアトラクションだった。それでダニーのチームがディズニーに連絡してきたのだ。ジョーは当時を思い出しながら興奮気味に言う。「信じられない話だけど、ダニー・エルフマンが『ミスティック・ポイント』の音楽をつくりたがってるっていうじゃありませんか。大至急ミーティングを設定しました。そしてダニーがやってきて、僕たちがやっていることをとても気に入ってくれたんです」

ダニーは長年にわたってティム・バートンとコンビを組み、『ビートルジュース』『スリーピー・ホロウ』、それに『ナイトメアー・ビフォア・クリスマス』といった映画の不気味な音楽を作曲してきた。『ナイトメアー・ビフォア・クリスマス』ではパンプキン・キングのジャック・スケリントンの歌声も担当し、ぞっとするようなメロディーや耳について離れないリフレインのコツを心得ていた。「ホーンテッドマンション」の「グリム・グリニング・ゴースト」同様、「ミスティック・マナー」には、不気味なオルゴールの音色のような繰り返しのメロディーが求められた。

ジョーは言う。「最初に彼が走り書きした曲は、もう完璧でした。アトラクションは地理的な特徴が強く打ち出された場所、エジプトの部屋、北欧の部屋、中国の部屋などを進んでいくから、ダニーは、さまざまな国のスタイルでテーマ曲のメロディーを表現することができたのです」

ダニーはそこから、ぴったりイメージどおりになるまで楽曲をいじりまわし、さらに、ジョーたちと一緒に香港の現場でかなりの時間を費やし、最終的なサウンドミックスが自分の指示どおりにできあがるまで立ち会った。ティム・バートンと共同で製作した映画と同じように、「ミスティック・マナー」がいつまでも残るということが、ダニーにはわかっていたのだ。「ホーンテッドマンション」が昔から変わらぬ人気を誇っているように。

「このアトラクションは〝笑いながら怖がる〟ことを目指していたし、ダニーの音楽にはいつも陰にひそかな〝にやにや笑い〟がある」というのが、ダニーの仕事に対するジョーの考えだ。「少し怖いけど、そんなには怖くない。だからダニーの音楽はぴったりなんです」

現代のクラシック

「ミスティック・マナー」は2013年5月17日に正式にオープンすると、あっというまに香港ディズニーランドで最も人気のアトラクションになり、「インディ・ジョーンズ・アドベンチャー」や「トワイライトゾーン・タワー・オブ・テラー」、そしていうまでもなく着想のもととなった「ホーンテッドマンション」など、現代のディズニーの名アトラクションの仲間入りを果たした。

テーマパークがアニメーション映画やさまざまなキャラクターとタイアップする時代にあって、「ミスティック・マナー」は、テーマパーク・オリジナルストーリーの魅力とパワーを決して見くびってはいけないということを、はっきりと思い出させてくれた。ひょっとしたら、未来のマジックキングダムに登場する次の〝笑いながら怖がる〟アトラクションは、「ミスティック・マナー」をベースにしたものになるかもしれない。

エントランス
英語と中国語でアトラクション名が刻まれたサインボードが、邸宅を訪れるゲストを迎えてくれる。

屋外のキューライン
ぜいたくな装飾が施された敷地を進んでいくと、いくつもの大理石の胸像にひょっこり出くわす。ほら、「ホーンテッドマンション」ゆかりの品も。

屋内のキューライン
なかに入ると、正装したヘンリー・ミスティック卿とアルバートの肖像画とともに、彼らの世界的な冒険を称える絵画が並んでいる。これらはみんな、S.E.A.メンバーの画家、チャールトン・J・テバレットが描いたものだ。

プレゼンテーション・ルーム
ヘンリー卿が、この邸宅や自身のコレクションの概要をまとめたスライドの解説をしてくれる。いたずら好きのアルバートは、新たに入手したオルゴールに興味津々。

作業室
膨大な収集品の多くは、まだ木箱に入ったまま作業室に積まれている。ゲストはここでミスティック・マグネット・エレクトリック・キャリッジに乗りこみ、さあ、出発！

次ページ上の「収集品とカタログの部屋」へ

収集品とカタログの部屋

部屋に入ると4台の乗り物が2台ずつに分かれる。たくさんの収集品の目玉は新しいオルゴール。アルバートがうかつにもふたを開けてしまうと、魔法のミュージック・ダストが放たれて邸宅全体を変えてしまう。

ミュージック・ルーム

隣の部屋に流れこんだミュージック・ダストが、エキゾチックな楽器のオーケストラに魔法をかけ、楽器がひとりでにオルゴールの印象的なメロディーを奏で始める。

メディテレーニアン・ホール

ゲストの目の前で、古代ギリシャとローマの遺物に命が吹きこまれる（若く美しい女性の肖像画が蛇の髪をもつ怪物に……モザイク画のメドゥーサは「ホーンテッドマンション」を彷彿とさせる）。

ソラリウム

好奇心旺盛なアルバートは肉食植物のかわいいつぼみに気をとられ、つぼみのママが攻撃しようとしているのに気づかない。アルバート、気をつけて！ぱっくり大きな口を開けたママに飲みこまれちゃうよ。

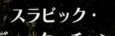

スラビック・ノルディック・チャンバー

スラブ神話の風神ストリボーグが、うららかな春の風景が描かれたパネル画に現れ、景色を冬の荒れ地に変えてしまう。ストリボーグが吹き出す冷気は部屋を霜と氷でおおい、凍りついた壁の大きな鏡が、そこに映ったゲストの姿もろとも粉々に。

次ページ上の「アームズ&アーマー」へ

アームズ&アーマー

甲冑や古代の兵器でいっぱいの部屋。
ミュージック・ダストの魔法でそれらに命が吹きこまれ、
剣を手にした戦士の鎧兜が小さなアルバートに
物騒な攻撃をしかけてくる。

エジプトのアンティーク

ミイラの入った石棺からたくさんの虫が現れて、
ブンブン音を立てながらホールを飛び回り、
ゲストを取り囲んだかと思うと、突然部屋が真っ暗に。

トライバル・アート

悪夢のように変貌した「魅惑のチキルーム」で
戦士の偶像に命が宿り、
槍を振り回したり矢を射かけたり。
アルバートは毒矢とおぼしき吹き矢で
壁に張りつけられて、絶体絶命!?

チャイニーズ・サロン

ミュージック・ダストが伝説の
孫悟空の翡翠像に命を吹きこみ、
ツアーはクライマックスに達する。
孫悟空が嵐を呼ぶと、
突風で部屋がめちゃくちゃに。

再び収集品とカタログの部屋へ

ゲストたちが収集品とカタログの部屋に戻り、
オルゴールを取り囲むと、ようやくミュージック・ダストが静まる。
アルバートがやっとのことでふたを閉めたところへヘンリー卿が顔をのぞかせ、
オルゴールに触らないようにと忠告する。

幽霊たちの棲家
ホーンテッドマンション・ツアー

60〜61ページ：夜のディズニーランドの「ホーンテッドマンション」を描いたビンテージアート。ディズニーランドの塗り絵帳やビューマスターのリールなど、1970年代のパークみやげに使われていた。上：「Francis Xavier」と、X・アテンシオの本名が刻まれた墓石の前で、ディズニー・レジェンドのX・アテンシオ本人（右）と著者。この墓石はサンフェルナンド・バレーにあるX・アテンシオの自宅の敷地に落ち着いた。

敷地

「扉ひとつない部屋で、
身の毛もよだつ不気味な響きが
館のなかに広がる……」

「ホーンテッドマンション」の装飾を凝らしたエントランスゲートを入ると、入念につくりこまれた庭が広がっている。当初は"一族の墓所"があり、X・アテンシオが「ホーンテッドマンション」を創造したイマジニアたちに敬意を表し、その名を刻んだ墓石が並んでいた。ゲストは墓参りをしながら、恐ろしくもおかしな墓碑銘を楽しむことができたが、キューラインのスペースを広げるため、のちに墓石は取り払われた（X・アテンシオは自分の墓石を持ち帰り自宅の裏庭に置いた）。

― ここもチェック！―

ペット霊園

多くのゲストが都市伝説として噂していたことは真実だった。ペットの墓地は、ディズニーランドの「ホーンテッドマンション」の脇にひっそりと存在している。もともとは屋敷の右側、現在の「スプラッシュ・マウンテン」の近くにあった。つくられたのは1980年代初め。イマジニアリングのディズニーランド担当シニア・コンセプト・デザイナーだったキム・アーヴィン（マダム・レオタのモデルとなったレオタ・トゥームズの娘）が地元の園芸店から動物の彫像をいくつか買ってきて、死んだペットのためにユーモラスな墓碑銘を書いてほしいとショーライターのクリス・グースマンに頼んだのだ。この秘密の墓地が評判となり、イマジニアは正式に採用。1993年に「ホーンテッドマンション」のキューライン沿いに常設された。それ以降、ペット霊園はすべての「ホーンテッドマンション」に設けられている。

─ ここもチェック！─
霊柩車

　1990年代初め、イマジニアのボブ・バラニックは、ディズニーランドで計画中の「ヤング・インディ・ジョーンズ・エピック・スタント・スペクタキュラー」で使うために、地元の骨董屋で霊柩車を購入した。この計画がボツになったとき、ボブは霊柩車を「ホーンテッドマンション」の庭に置くことを提案したが、当時ディズニーランドのクリエイティブ部門のトップだったトニー・バクスターは、霊柩車だけあってもストーリーがなくてはだめだと反対。トニーはパークで売られていて大人気だった〝リードにつながれた透明犬〟にヒントを得て、霊柩車を幽霊の馬につなぐことを提案し、1995年9月、絶好のフォトスポットが誕生した。これが大好評だったため、まもなくウォルト・ディズニー・ワールドにも同様のものが置かれた。

　ディズニーランドの白い霊柩車は、有名な宗教家ブリガム・ヤングを永眠の地に運ぶときに使われたという根強い噂があるが、これは事実ではない。けれど、ウォルト・ディズニー・ワールドの黒い霊柩車のほうは〝有名人ゆかりの品〟だ。ジョン・ウェインが出演した1965年の映画『エルダー兄弟』で使われたのだ。

※WDW & TOKYO：フロリダと東京の「ホーンテッドマンション」の外観をよく見ると、細部のデザインのおもしろさに気づく。丸屋根の上にある風向計はディズニーランドのオリジナルが帆船なのに対し、コウモリになっている（右写真）。実際のところ、ハドソン・リバー・バレーやニューイングランドに見られるこうした造りの邸宅の風向計には、たいてい帆船があしらわれていることから、これは意図的なデザイン変更といえる。正面の扉に飾られている枯れた花輪がアトラクションの恐ろしさをほのめかし、屋敷に入る手前の墓石が、不気味で陽気なにぎわいを見せている。館の脇にはガラスと鋼鉄でできた温室もある。

否定された噂

　長年ファンたちのあいだでは、石造りの小塔はチェスの駒を象ったもので、（館のなかにあるというナイトを除き）すべての駒がそろっていると噂があった。イマジニアたちはこれを否定している。たしかに小塔や装飾の一部はチェスの駒のようだが、どれも「ホーンテッドマンション」の建築様式やその時代に典型的なデザインであり、似ているのはまったくの偶然なのだ。

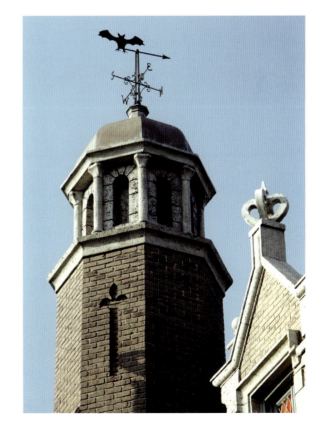

※**WDW** はウォルト・ディズニー・ワールドを、**TOKYO** は東京ディズニーランドを表します。

— ここもチェック！ —
ウォルト・ディズニー・ワールド
マダム・レオタよ、安らかに眠れ

2001年、クリエイティブ部門のシニアバイスプレジデントのTリック・ジェイコブソン、デザイン・ディレクターのパトリック・ブレナン、アニメーターのダグ・グリフィス、そして私、ショーライターのジェイソン・サーレルを含むイマジニアのチームは、パーク全体、とくにキューラインや見るものもやることもあまりない場所で、ちょっとしたアニメーションを使ってゲストに楽しんでもらえることはできないかと模索し始めた。そのとき考えたもののひとつで、2002年にお目見えしたのが、屋敷の玄関扉の外にある〝一族の墓所〟の右端に新たに設けられた墓碑だ。

若く美しい女性の顔が彫られた墓石には、次のように記されている。

　　　　誰からも愛された　いとしのレオタ
　　　　現世を離れて　楽しいときを永遠に……

彫刻は完全に安らかに眠っているわけではなく、時折ゆっくりと目を開けて目の前を通りすぎていくゲストを眺めると、再び目を閉じて永遠の眠りに戻る。このさりげなくも不気味な歓迎は、ゲストがツアーを始めるにふさわしい不穏な雰囲気をつくりだしている。ゲストは首をかしげ、「本当に動いた？　それとも幻覚？」と自問しながら館に入っていくのだ。

ゲストがマダム・レオタに出会うのはここだけではない。降霊会の部屋とともにこの墓石に登場することで、ストーリー全体の構造がさらにしっかりしたものになった。だが、それ以上に重要なのは、レオタ・トゥームズがようやく仲間のイマジニアたちと並び、ふさわしい墓石を得たということだろう。

マスター／巨匠と主人

〝マスター・グレイシー〟の墓石は、X・アテンシオが特殊効果の巨匠イエール・グレイシーに敬意を表したものだが、多くのファンは、この館のマスター、つまり主人であるゴーストホストの名前がグレイシーだと思いこんでしまった。この都市伝説は長年にわたって独り歩きし、「ホーンテッドマンション」の言い伝えのひとつとなった。実際、映画『ホーンテッド マンション』では、イエールとその墓石から生まれた噂にちなみ、屋敷の主人の名前をグレイシーとしている。

＊**PARIS**：「ファントム・マナー」のレイアウトは、ほかの「ホーンテッドマンション」とかなり似ているものの、ストーリーが複雑でキャラクター設定も細かいため、新たに重要なシーンをつくるとともに、既存の人気シーンにも追加や改良を行った。

ゲストは古い馬車道を進みながら、屋敷の荒れ果てた敷地を横切り、古ぼけた東屋などを通りすぎる。こうした設定が、荒廃して崩れかけた屋敷の外観を完璧なものにしている。屋敷の薄暗い窓の向こうには、不気味にちらつく明かりや、ミステリアスな花嫁の姿が見える。

左：キャストたちは、よく庭の赤いバラを摘んではイエール・グレイシーの墓の上に置き、イリュージョンの巨匠に無言の敬意を捧げている。**下**：クロード・コーツを称える墓石。

64　※**PARIS** はディズニーランド・パリを表します。

ここもチェック！
ウォルト・ディズニー・ワールド
一族の墓所

1999年にファストパスが導入されて以降、イマジニアたちは、待ち時間をさらに短くする方法、あるいは、ゲストがキューラインで過ごす時間をもっと楽しく、インタラクティブにする方法に主眼を置いてきた。その結果、人気の高い——もしくは1時間あたりのキャパシティが少なく回転率が悪いために待ち時間が長くなってしまう——アトラクションの多くでキューラインが改良されることになり、キューラインはイマジニアリング用語で「シーン1」と呼ばれるようになった。当然ながらウォルト・ディズニー・ワールドの「ホーンテッドマンション」も、そうしたアトラクションのひとつだった。

ユーモラスな墓碑銘や、イマジニアへのさりげない敬意が刻まれた墓石が並ぶ墓地のおかげで、「ホーンテッドマンション」のキューラインはすでに、ほかのアトラクションよりは興味をそそり、楽しく過ごせるものになっていた。そのため「シーン1」の改良と開発を担当するウォルト・ディズニー・イマジニアリングのインタラクティブ・グループは、すぐさま〝一族の墓所〟を拡張するのが至極当然の解決策だと判断した。

ベテランのコンセプト・デザイナー、クリス・ルンコは新たな区画のレイアウトにとりかかり、そこにメインとなる3つの墓と、さまざまな記念碑や墓石を置き、それらの多くにインタラクティブな要素を取り入れようとした。3つの墓は当初からおおまかに、音楽家、著述家、そして——ケン・アンダーソンがディズニーランドの「ホーンテッドマンション」のために書いたはるか昔の筋書きにまでさかのぼって——船長のものと考えられていた。

ハカりごと

インタラクティブ・グループは、この新区画のクリエイティブ・ディレクターにピート・カーシロを起用した。ピートは、ディズニー・レジェンドの名彫刻家ブレイン・ギブソンの長年の弟子だった第3世代のイマジニアで、この仕事にうってつけのデザイナーだった。というのは、初期のたいていのイマジニアがそうだったように、ピートは、デッサン、絵画、彫刻という三拍子がそろったアーティストで、いずれにも長けていたからだ。また、クラシックなディズニーの世界にこのような手を加えるうえで必要な、繊細かつ独創的な感性も備えていた。彼は、新しいキャラクターやストーリーをもたらすと同じように、ディズニーの遺産に敬意を払い、守っ

ていくことが重要だと考えていた。

インタラクティブ・グループは早速、ピートのパートナーにショー・プロデューサーのエリック・グッドマンを選んだ。エリックはイマジニアリングのフロリダオフィスのたたきあげだ。エプコットのパビリオンのひとつであるイノベンションズのインタラクティブに遊べるアトラクションを開発した経験もあり、まさにこの仕事にぴったりのダイナミックなコンビだった。

「新しいファストパス・プログラムのマイマジックプラスやマジックバンドは当時まだ初期段階でした。だから我々の長期目標は、マジックキングダムを訪れたゲストが、計画どおりに行動できるようにすることだと感じていました」とピートは言う。「ファストパスを使わずにキューラインに並ぶことを選んだゲストに、その選択の見返りとして夢中になれる楽しい体験をしてほしいと思ったのです」

この新区画は当初、バラ園と霊柩車に代わって屋敷の手前に配置されることになっていた。でもピートは、ファンに愛されている人気のフォトスポットである霊柩車を移動させるだけでなく、墓地を2ヵ所に分けることにも懸念を抱いた。場所的にもストーリー的にも納得がいかなかったのだ。エリックも「最初に提案された場所には疑問を感じました」と

A TOUR OF THIS GHOSTLY RETREAT　65

同意している。「それは、ゲストが『ホーンテッドマンション』の敷地に足を踏み入れて並ぶキューラインの後ろのほうにインタラクティブな仕掛けを置くということでした」。楽しい仕掛けを設置するなら、さんざん待ったゲストが退屈して、ようやくたどり着くアトラクションの入り口に近い場所のほうがいいのではないかと思われたのだ。このままではこの〝大勝負〟は失敗に終わるかもしれなかった。

　解決策は、クリエイティブ・ディレクターであるピート自身の夢に現れた。「ある晩悪夢を見たんです。夢のなかで僕は屋敷の裏手の丘の斜面、つまり、もともとの古い墓地で穴を掘っていました」とピートは語っている。「目が覚めたとき、それが頭にこびりついていて、アイデアがひらめいたんです。急いで丘の斜面に新しい墓地をつくる計画を立てました。そして現場を歩き、話しあい、その案を経営陣に提示したのです」

　新しいデザインでは、霊柩車とバラ園をそのまま残し、インタラクティブエリアは、墓地の隣の人目につかない場所に置かれた。場所の設定にあわせ、さまざまな墓標や記念碑、霊廟などを、既存の墓地の雰囲気を損なうことなく、むしろ増強するようにレイアウトした。ピートは言う。「通路から見てワクワクするような眺めになるように墓を配置しました。屋根の輪郭線がゲストの視線を、丘の斜面にある墓石を見上げるように導いているんです」

　インタラクティブエリアは、だんだんと仕掛けが複雑になるようにできている。簡単に楽しめる遊びから始まり、最後はついつい夢中になってしまう。

― 恐怖の一家 ―

　次なる大きな創造的挑戦は、スマートフォンやタッチスクリーン、テレビゲームのこの時代に、何世紀も続く古い墓地をどうやったら真の〝インタラクティブ〟にすることができるのか、その方法を見つけだすことだった。墓地のインタラクティブな要素は、一貫してストーリーと有機的に結びついていなければならない。

　「インタラクティブ体験の多くは、タッチスクリーンや映像を使ってコンテンツを提示しますが、キューラインでは、いたずらな亡霊の存在を感じても、姿は見えないことが非常に重要だと思いました」とピート。「いくつかの最先端技術も採用しましたが、装置が見えないようにすることも重要でした。完全に超自然現象という感じにしたかったんです」

　そして、おそらくいちばん重要な問題は、ゲストが新しい墓地で遭遇するのは、「ホーンテッドマンション」を棲家とする悪名高き999人の幸せな亡霊のうちの誰なのか？　ということだった。

　「たくさんの新しい亡霊（ライオン使い、カウボーイ、盗賊、男爵）を提案していたのですが、墓地――それもインタラクティブな墓地――をつくるには、筋が通るように自力でストーリーを構成しなければなりませんでした」とピートは続ける。「王、ミイラ、吟遊詩人、さらにはシーザーの幽霊といった多種多様な999人の亡霊がいれば、どうして彼らがひとつの場所に集まっているのか、その理由を説明する壮大なバックグラウンドストーリーが必要になるのです……マーティン・A・スカラーによる、あの1963年の有名な看板を超えるほどのね」

　拡張されたキューラインでゲストが最初に出くわす新キャラクターは、全員が病的で見るからに不吉な一家だ。猛獣ハンターであるバーティー、高潔なるアント・フローレンス、強欲なアンクル・ジェイコブ、陰険なカズン・モード、そして映画『シャイニング』以来の最高に気味の悪い双子のウェリントンとフォルシスィア。筋書きでは、一家の財産を相続するために、それぞれが家族の誰かを殺していて、各自の記念碑には墓碑銘と誰が誰を殺したかを知る手がかりとなる謎めいた言葉が刻まれている。たとえば、カズン・モードの墓碑には、双子の墓碑銘に記されている「同じ頭に同じたんこぶ」をつくるのに使われたとおぼしき木槌が浮き彫りにされている。これは、ビデオ画面を使わないインタラクティブな殺人ミステリーゲームなのだ。

　「テスト段階では、この家族を〝Dread（恐怖の）一家〟と呼んでいました」とピートは言う。「でも、最終的なショーでは、ドレッドという名前は使いませんでした。オンラインではいまだにドレッド一家と呼ばれているけれど、それはそれでかまいません。グレイシー家以外の家族も『ホーンテッドマンション』に住めるように、可能性を広げているんです」

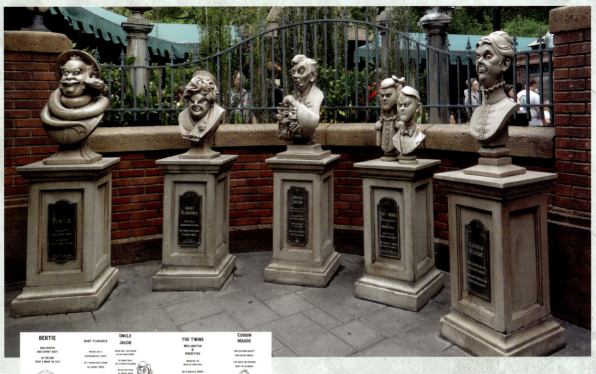

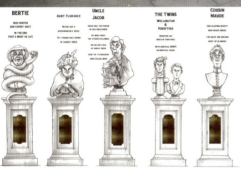

アンクル・ジェイコブ
「毒をも飲みこむ強欲さで、
最初にあの世へ。
そしてひとりまたひとり。
彼は殺人者の顔を知っていた。
さあ、誰が誰を殺したか、
見破ってみよう」
バーティーに毒を盛られた。

バーティー
「熱心なハンターで銃の達人、
だから最後はこんなハメに」
アント・フローレンスに
撃たれた。

双子
フォルシスィアとウェリントン
「寝ている間にこの世を去った。
同じ頭に同じたんこぶをつくって」
カズン・モードに殺された。

アント・フローレンス
「恥ずべき行いは
決してしなかったのに、
カナリアのエサに
顔を突っこんでいた」
双子に殺された。

カズン・モード
「決して目覚めることのない眠り姫。
夢は夜の闇へと消え去った」
アンクル・ジェイコブに殺された。

A TOUR OF THIS GHOSTLY RETREAT 67

～ 墓石 ～

キューラインの拡張に伴い、日の当たらない丘の斜面にあったマスター・グレイシーの墓石が、墓地の中央の目立つ場所に移された。これで初めてゲストは、マーク・デイヴィスやX・アテンシオを称える墓石もあわせて一緒に写真を撮ることができるようになった。クリエイティブチームはこの機会を利用して、最初の女性イマジニアである〝イマジニアリングのファーストレディ〟ことハリエット・バーンズの墓石と、「ホーンテッドマンション」の創造に寄与した4人の名を刻んだ霊廟を追加した。その4人とは、陰の功労者ケン・アンダーソン、ゴーストホストの声を演じたポール・フリース、「奇妙な博物館」（26ページ参照）の考案者であり、アトラクションの偉大な貢献者ローリー・クランプ、そしてマーク・デイヴィスのスケッチを三次元の彫刻にして生命を吹きこんだ（ピートのよき師でもある）ブレイン・ギブソンである。

～ 作曲家の墓 ～

　ゲストが墓地の奥へと進んでいくと、装飾を凝らした作曲家の墓に出くわす。グランドホールで不安をかき立てるようなワルツを演奏しているオルガン奏者だろうか？　墓の正面を特徴づけているパイプオルガンには、叫び声をあげる頭蓋骨とアトラクションのなかでも姿を見せるワタリガラスの精巧な彫刻が施されている。ゲストの目に入るのはそれだけだが、このパイプオルガンはいろいろなことを示唆している。たとえば目ざといファンなら、このオルガンがレーヴェンズクロフト社製であることに気づくだろう。これはアトラクションの最後、墓場のシーンで歌う胸像のひとつアンクル・セオドアの声を演じているサール・レーヴェンズクロフトに敬意を表してのことだ。いつなんどきゲストが鍵盤をたたいても、オルガンが奏でるのは「グリム・グリニング・ゴースト」だが、いきなり風が吹き、オルガン奏者を気取ったゲストを驚かせることもある。もてなしにふさわしいいたずらだ。

　墓碑の側面には楽器が浮き彫りされている。片側は墓場のシーンで陽気な吟遊詩人が演奏している楽器、反対側はもっと空想的なあの世の楽器だ。ゲストが楽器のどれかに手を触れると、その楽器が奏でる「グリム・グリニング・ゴースト」の音色が流れてくる。いくつかの楽器に同時にさわれば、それぞれの楽器がハーモニーを奏でる。

～ 船長 ～

　ゲストが次に遭遇するのは、ケン・アンダーソンのオリジナルストーリーの船長から着想を得たカルペッパー・クライン船長の墓だ。墓は石造りで、大きなバスタブの形をしている。今なおお屋敷のなかに飾られているマーク・デイヴィスが描いた怪しげな船乗りの肖像画（19ページ参照）と同じ帽子・同じレインコートを身に着けた、びしょぬれの人物の手足が見える。そして、墓に入った無数のひびから水が吹き出し、墓参りをしようとするゲストにふりかかる。

　時折、この気のいい船長が酔っ払って歌う船乗りのはやし歌が聞こえるが、船長が溺れていくにつれて墓の上からぶくぶくと泡が出てくる。船長がくしゃみをするたび、ゲストに水しぶきがかかるが、それが何かということは、深く考えないほうがいいだろう。

詩人

　そしてゲストは最後の墓、女流詩人、プルーデンス・ポックの永眠の地にたどり着く。Prudenceとは「賢明」という意味だが、彼女はスランプで非業の死を遂げたと伝えられている。この詩人、墓場のシーンで歌う胸像のひとつ、フィニアス・P・ポックゆかりの人物なのだろうか？ ファンがそれぞれ自分で判断すればいいこととはいえ、どうやら単なる偶然の一致では済まなそうだ！

　墓の側面は、屋敷内の書斎にあるような本棚になっている。そして書斎のシーンと同様に、本があちこちからぴょこぴょこすべり出てくるので、ゲストは思わず、モグラ叩きのように本を押し戻したくなる。何冊かの本の背には、この本の著者である私が書いたあの世からの伝言をつづった暗号が刻まれている。

　墓の裏側には、プルーデンス・ポック自身があの世で詩を創作している様子を描いた絵画がある。彼女はずっと声に出しながら詩作を続けているが、いつも最後をしめくくる言葉が浮かんでこないらしく、ゲストにアイディアを求める。ゲストが提案する言葉はつねに正しく、プルーデンスは意気揚々と、またひとつ傑作を完成させる。彼女は永遠にスランプから解放されたのだ。

70　　THE HAUNTED MANSION

特別バージョン
ディズニーランド／東京ディズニーランド
ホーンテッドマンション・ホリデー

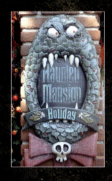

　1997年に始まったクリスマスシーズンの特別バージョン「イッツ・ア・スモールワールド〝ホリデー〟」の大成功を受けて、ディズニーランドの運営陣は、ほかのアトラクションでも同じことができないかと考え始めた。「ゲストは、アトラクションの特別バージョンというアイデアを気に入ってくれました」とクリエイティブ・エンターテイメント・ディレクターのスティーヴ・ダヴィソンは言う。「ゲストはもとのライドの記憶を甦らせながらホリデーバージョンで新しい思い出をつくります。しかも彼らは、お気に入りのライドを我がもののように感じているので、〝自分たちの〟ライドがどうなったのか見に行かなきゃと思うはずです。ディズニーランドは人々にそんな作用を及ぼすのです」

　イマジニアたちは、「ホーンテッドマンション」でチャールズ・ディケンズの名作「クリスマス・キャロル」の世界を再現することを提案したが、パーク側は同意しなかった。次にクリエイティブ・エンターテイメント・グループが思いついたのは、1823年に発表された有名な詩「サンタクロースがきた」だった。そこでイマジニアたちは、どうせサンタクロースを呼びこむなら、ティム・バートンの『ナイトメアー・ビフォア・クリスマス』を使ってはどうかと提案。このコンセプトがスティーヴの指揮のもと練りあげられ、2001年10月に「ホーンテッドマンション・ホリデー」はオープン。ディズニーランドのちょっと早いクリスマスギフトとなった。

　スティーヴいわく「デザインについては全面的にティム・バートンに相談しました。オープンの日、映画の監督ヘンリー・セリックとデザイナーが来て、たとえば〝クリスマスまでのカウントダウン時計〟など、彼らのコンセプトがそっくりそのまま再現されているのを興奮しながら見ていましたよ」

　オリジナルの映画とキャラクターの人気は、アメリカより日本のほうが高く、東京ディズニーランドでも「ホーンテッドマンション〝ホリデーナイトメアー〟」として、毎年同じような衣替えがなされている。今や長年のナイトメアーファンは、ジャックがウォルト・ディズニー・ワールドの「ホーンテッドマンション」を乗っ取るのを待ち望んでいる！

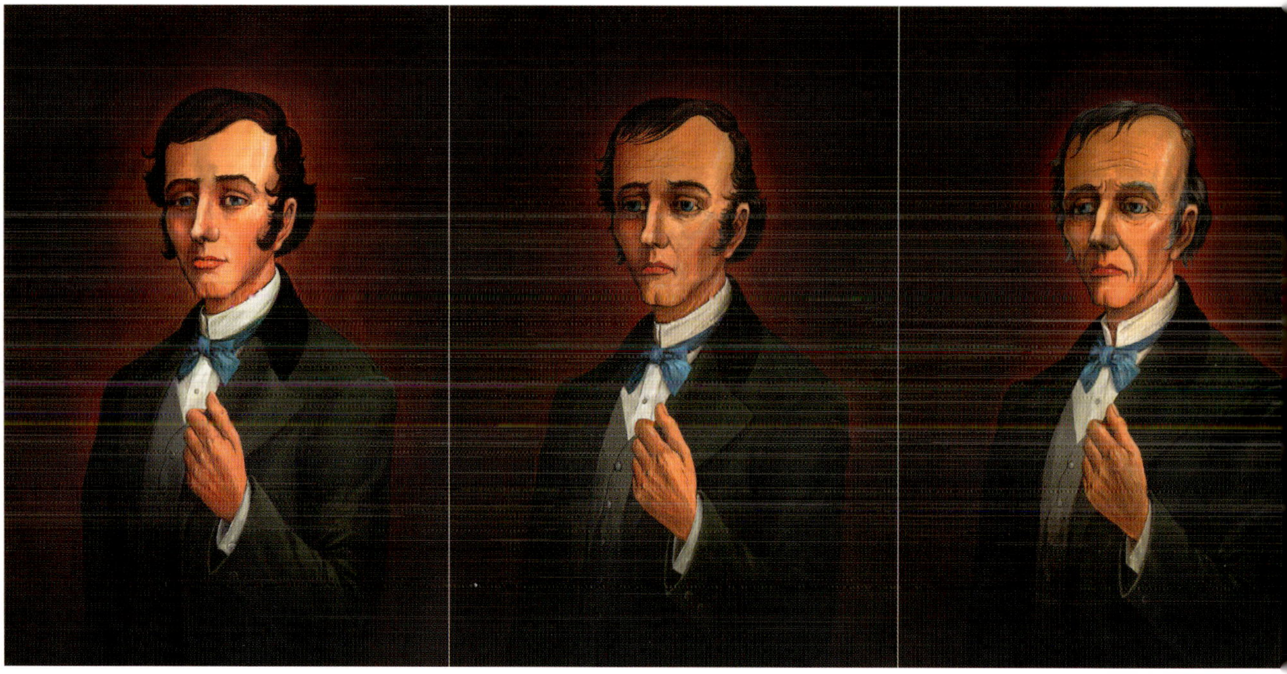

ホワイエ

「ロウソクの炎が風もないのに揺れ動く。
ほら、そこにもここにも亡霊たちが……
諸君の恐れおののく姿を見て、
彼らは喜びの笑みを浮かべているのだ」

姿の見えないゴーストホストが、ホワイエで恐ろしげに語り始める。バックに流れるのは不吉な葬送曲に編曲された「グリム・グリニング・ゴースト」だ。声の主は、ベテランの性格俳優でナレーションの達人でもあるポール・フリース。多くのゲストが一緒にセリフを唱えるほど愛されている場面だ。フリースはほかにも、さまざまなアトラクションのキャラクターや、ドナルドのおじさんのルードヴィッヒ・フォン・ドレイクの声などを演じている。

当初イマジニアたちは、ゴーストホストのオープニングのナレーションを、突如命が吹きこまれた大理石の胸像に〝ライブ〟で語らせようと考えたが、おしゃべりに夢中だったり、これから何が始まるのかと興奮したり緊張したりしているゲストの注意を引きつけるのは難しく、この狭いスペースでは、短く印象的なゴーストホストの語りのほうがずっと効果的だと思われた。その判断が正しかったのは、結果を見れば明らかだ。オープニングの語りが終わると、ホワイエの壁が開いて、肖像画の部屋が現れる。

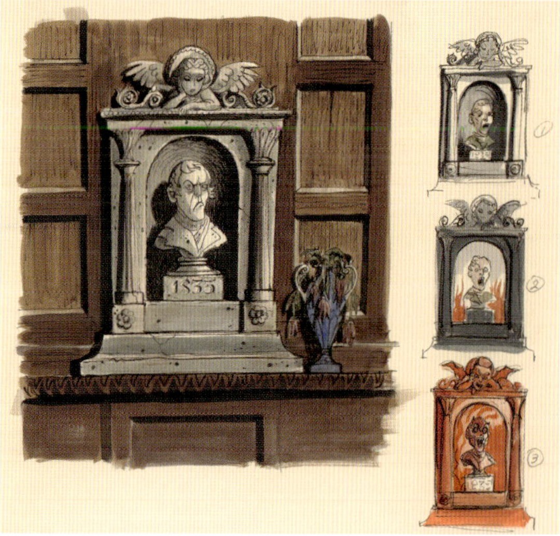

上：ディズニーランドの「ホーンテッドマンション」のホワイエでゴーストホストが〝取り憑く〟はずだった大理石の胸像のコンセプト画。

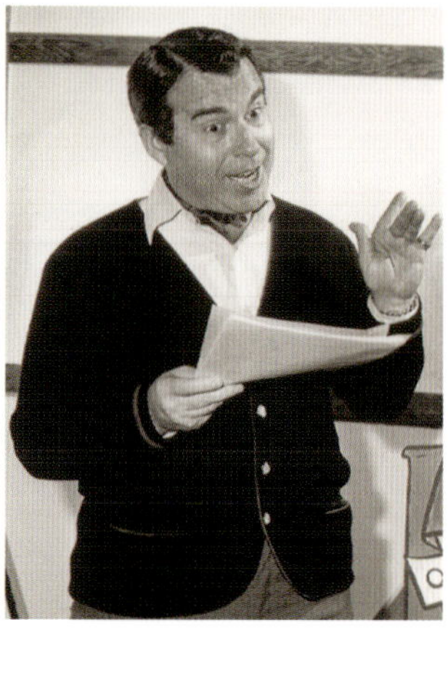

72～73ページ上：オスカー・ワイルドの小説「ドリアン・グレイの肖像」のごとくゲストの目の前で歳をとっていく館の主の肖像画。ウォルト・ディズニー・ワールドと東京ディズニーランドの「ホーンテッドマンション」のホワイエの壁にかけられている。**左：**ポール・フリース。

WDW & TOKYO： ディズニーランドのホワイエではショーらしい要素はゴーストホストのナレーションだけだが、ウォルト・ディズニー・ワールドと東京ディズニーランドでは、イマジニアたちはそこへ視覚効果をも加えた。ホワイエに足を踏み入れたゲストは、暖炉の上の壁にある正装した館の主の肖像画に目を引かれる。長年にわたり、ゴーストホストはこの館の主――グレイシーとかいう名の――だという説が広まっているが、そうではなく、ゴーストホストは999人の幸福な亡霊のうちのひとりにすぎない。ゴーストホストの恐ろしげなナレーションが進むにつれて、ハンサムな青年の肖像画が朽ちた屍に変わっていく。これは、ゲストがこれから伸びる肖像画の部屋で目にすることになる、背筋が凍るようなゴーストホストの運命の前ぶれなのだ。

ディズニーランドの肖像画の廊下にある変化する絵画と同様、このイリュージョンは、以前は静止画像を重ねあわせてつくられていた。しかし、2007年に改良され、今ではデジタル効果が利用されている。

PARIS： アメリカや日本とは異なり、「ファントム・マナー」では、ゲストがホワイエに入るとすぐにストーリーが始まる。ゴーストホストが不運な花嫁の失われた愛の話を語りだすと、装飾が施された鏡に、ぼんやりと花嫁の姿が浮かびあがる。

左：使用人（初期のストーリー構成に登場した執事ボーレガードの直系の子孫）がゲストを出迎え、ホワイエに案内する。これは東京ディズニーランドのために描かれた衣装のデザインスケッチ。**上：**「ファントム・マナー」のホワイエにある鏡に亡霊のように浮かびあがるメラニー・レイブンズウッドの画像。ゲストが館に足を踏み入れた途端にストーリーが始まるように考えられたイリュージョン。

A TOUR OF THIS GHOSTLY RETREAT   73

伸びる肖像画の部屋

「もう、引き返すことはできませんぞ。すべてはここから始まる……」

上：伸びる肖像画の部屋のコンセプト画。不安を煽るような変容が起こる前の様子。左：ファンのあいだで人気があるガーゴイルの燭台。右ページ：ウォルト・ディズニー・ワールドの伸びる肖像画の部屋。76〜77ページ：マーク・デイヴィスによる、伝説的な伸びる肖像画のコンセプト・アート。1968年のX・アテンシオの筋書きによれば、「一夜にして華々しく登場した無政府主義者、アレクサンダー・ニトロコフ」（76ページ右）、「夫に先立たれた未亡人のアビゲイル・ペイトクリバー」。墓にジョージという不運な夫の名が刻まれている（77ページ左）。

伸びる肖像画の部屋には4枚の絵が飾られている。すべてマーク・デイヴィスのオリジナルだ。ゲストが部屋の中央に進むと、壁のパネルがすっと閉まり八角形の部屋に閉じこめられる。そこにはちらちら瞬くロウソクを手に不気味な笑みを浮かべたガーゴイルたちが。何の前ぶれもなく部屋全体が絵とともに伸び始め、肖像画の人物たちのおかしくも身の毛のよだつ運命が明らかになっていく。この部屋には「窓も扉もまったくない」。どうやったらここから出られるのか？
「私ならこうやって出るがな」というゴーストホストの言葉とともに稲妻が光り、はるか頭上の丸屋根にぶらさがった首吊り死体が浮かびあがる。次の瞬間、部屋は真っ暗になり、甲高い悲鳴が響きわたる。そして壁のパネルが開き、薄暗く長い廊下が現れる。

このシーンは、若い花嫁を殺したのちに屋根裏で首を吊ったという、ケン・アンダーソンによるゴア船長のストーリーがもとになっている。伸びる部屋は、運営上の問題に対する独創的な解決策だった。アトラクションの収容人数の要件を満たすため、実際のショーが行われる巨大な建物は、ディズニーランドを周回する鉄道の外側に建てられた。つまりパーク内にある館の入り口から外へとゲストを移動させなければならない。そのため、伸びる部屋は天井を固定したままエレベーターのように床を下げ、ゲストを約4.6メートル下の廊下までおろしてから、鉄道の線路の下を通ってショーの建物に連れていく仕組みになっている。

長さ約1メートルの4枚の伸びる肖像画は、床が下降するとともに2.4メートルになり、その全容を現す。

天井には、舞台などで使われる紗幕が用いられている。紗幕とは、前から照明をあてても透けないが（そこに部屋の天井に見える絵が描かれている）、裏から照明（この場合は稲妻）があたると透けて見える布だ。この仕掛けによって、稲妻の光とともに最初は見えなかったゴーストホストの朽ちかけた死体があらわになるというわけだ。

74　THE HAUNTED MANSION

ゴーストホスト自身の悲惨な運命を表した一連の
コンセプト・スケッチと、完成した人形を目なら
ぬ骸骨の眼窩の高さから見た珍しい写真。

THE HAUNTED MANSION

WDW & TOKYO：イマジニアたちが最初にディズニーランドの「ホーンテッドマンション」をデザインしたときは、パークが比較的狭いためにスペース上の厳しい制約を解決しなければならなかった。一方、ウォルト・ディズニー・ワールドや東京ディズニーランドにはそうした制約はなかったため、オリジナルにはないシーンや改良もいくつか加えられている。

フロリダと東京ではアトラクションがパーク内に無事に収まり、ゲストを移動させる必要がないため、ユニークな伸びる部屋はいらなくなった。とはいえ、この部屋は人気のあるシーンだったので、そのまま残すことになった。体験の印象はカリフォルニア版と同じだが、床が下がるかわりに天井が上がり、ゲストは同じ階にあるロード・エリアにそのまま進む流れになっている。

2007年にウォルト・ディズニー・ワールドの「ホーンテッドマンション」を改良したとき、イマジニアたちは、肖像画の部屋に最新式の立体音響システムを採用し、ゴーストホストが恐ろしげなナレーションをしながらそっと部屋を歩き回るイリュージョンをつくりだした。部屋が伸び始めると、床からゴゴーと低い音が聞こえたり、壁がうなるようにギシギシ鳴ったり。ゲストは自分を取り囲む部屋が伸びているのを実際に体感できるようになった。ゴーストホストの悲惨な運命があらわになり、稲妻が消えると、不意に響くおなじみの叫び声とともにコウモリの不穏な羽ばたきが聞こえてくる。あたかも亡霊たちによって平和な眠りを妨げられ飛びたったかのように。肖像画の部屋を出ていくとき、注意して耳を澄ますと、ふざけた調子で「一緒にいて」、そして最後には「出ていけ！」とゲストに呼びかける声が聞こえる。

PARIS：「ファントム・マナー」の伸びる肖像画の部屋には、ジュリー・スヴェンソンが描いた若きメラニー・レイブンズウッドの絵が飾られている。部屋とともに絵が伸びると、花嫁を待ち受ける残酷な運命が明らかに。照明が消えて稲妻が光ると、ファントム（亡霊）が愛娘の婚約者を天井から吊している姿が見え、ストーリーの要となる善と悪の対立が始まる。

"秘密の部屋"と呼ばれるこの部屋は、ディズニーランドと同様にゲストを地下におろすエレベーターの役割を果たしている。ゲストは地下の廊下を通り、樹木の点在する丘の下を抜けてショーの建物に入っていくのだ。

上：2007年のウォルト・ディズニー・ワールドの「ホーンテッドマンション」改良の際、立体音響システムによって伸びる肖像画の部屋にもたらされる特殊効果をイメージして描かれたニール・エンゲルのスケッチ。右の上下：「ファントム・マナー」の4枚の伸びる肖像画は、いずれもメラニーの悲惨な運命が描かれており、若い花嫁の不幸な行く末を暗示している。

~ 特別バージョン ~
ディズニーランド／東京ディズニーランド
ホーンテッドマンション・ホリデー

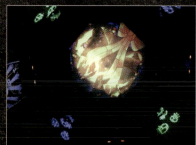
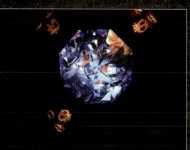

　楽しくも不気味に「ホーンテッドマンション」を変身させるにあたり、999人の幸福な亡霊はジャック・スケリントンを屋敷に招待した。例の〝サンディ・クローズ〟の衣装に身を包んだジャックが、各ホールにクリスマスシーズンの飾りつけを施す。

　お楽しみの始まりは肖像画の部屋だ。ジャックは4枚の肖像画のかわりに典型的な平和なクリスマスの光景を描いたステンドグラスを見せてくれるが、部屋が伸びるにつれハロウィンタウン風の不気味なクリスマスに……。ディズニーのベテラン声優コーリー・バートンが、不朽の名声優ポール・フリースにかわってゴーストホストの声を担当している。

肖像画の廊下

「ここにいるのは世界じゅうの古い教会の地下にある死体置き場から集まってきた、すばらしい亡霊たちだ」

ゲストはグループごとに次々と肖像画の廊下に移動し、とぎれることなくロード・エリアへと流れていく。

廊下の左側には窓が並び、月明かりに照らされた景色が見渡せるが、窓の外では断続的にすさまじい稲妻が走っている。肖像画は右側の壁にかかっていて、じっと見ていると、描かれた人物がゆっくりと、ぞっとするような姿に変化してゆく。廊下のつきあたりの壁のくぼみに、恐ろしげな大理石の胸像が2つ置かれていて、ゲストが廊下を進んでいくと胸像と向きあうことになる。一方はローマ皇帝の胸像といわれ、もう一方は厳格な女性教師のような老婦人のものである。どちらの胸像も、目の前を通り過ぎて隣のロード・エリアに入っていくゲストの動きを追っているかのようだ──上へ下へ、後ろへ前へと──。

胸像が動いているように見えるイリュージョンは、いわゆる"幸運な偶然"から生まれた。「ホール・オブ・プレジデンツ」の研究開発の一環として、イマジニアたちはエイブラハム・リンカーン大統領の顔を象ったマスクを作製した。ある日、たまたまそのマスクの後ろを通り過ぎたローリー・クランプとイエール・グレイシーは、裏側から見ると、リンカーンが自分たちの動きを追っているように見えることに気がついたのだ。凹凸が逆になった胸像にうまく照明を当てると、胸像は立体的に、こちらに顔をつき出しているように見える。

変化する肖像画のイリュージョンでは、変容の過程を追った何枚かの画像があり、それらが重なりあい、少しずつ完璧に、人物を変化させてゆく。すべてではないが、ここにある肖像画の大半は、マーク・デイヴィスのコンセプトにもとづいている。「ホーンテッドマンション」という不気味な題材を楽しく見せると主張した彼ならではの見せ場だ。2005年1月にディズニーランドで行われた改良では、イマジニアたちは最新技術を取り入れて、オリジナルのデザインチームが抱いていた創造的な構想をさらに実現させた。窓の外の稲妻と完全にシンクロさせて画像が変化するようにしたのだ。

A TOUR OF THIS GHOSTLY RETREAT

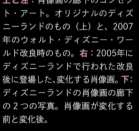

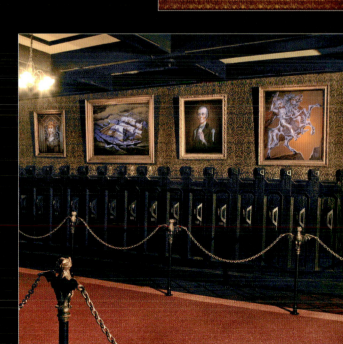

上と左：肖像画の廊下のコンセプト・アート。オリジナルのディズニーランドのもの（上）と、2007年のウォルト・ディズニー・ワールド改良時のもの。**右**：2005年にディズニーランドで行われた改良後に登場した、変化する肖像画。**下**：ディズニーランドの肖像画の廊下の2つの写真。肖像画が変化する前と変化後。

上と右：マーク・デイヴィスによる変化する肖像画のコンセプト・アート。実際には使われなかったものの、これにヒントを得た吸血鬼の肖像画（中央上）が、ウォルト・ディズニー・ワールドの肖像画の廊下に登場した。

上と下：そのほかの変化する肖像画のコンセプト・アート。すべてマーク・デイヴィスによるもの。

WDW & TOKYO：ゲストはドゥームバギーに乗って、右側に肖像画が並ぶ長い廊下を進んでいく。2007年のウォルト・ディズニー・ワールドの「ホーンテッドマンション」改良中に、ここにあった〝動く目〟の肖像画は、ディズニーランドから来た最新の変化する肖像画4点と交換された。左側の窓で光る稲妻にあわせて、肖像画は驚くべき変化を遂げる――美しい女性は見るも恐ろしい怪物メドゥーサに、誇り高きガリオン船は幽霊船に、勇ましい騎士とその馬は骸骨に、ソファーに横たわる若い美女は白いトラに。

とりかえられた〝動く目〟の肖像画の何点かは、ロード・エリアや肖像画の廊下に行く前の階段沿いに移された。

肖像画ギャラリー

PARIS：秘密の部屋から出たところにある長い廊下は肖像画ギャラリーになっていて、たくさんの変化する絵がある。大半はマーク・デイヴィスのオリジナルデザインをもとにしたものだ。つきあたりには花嫁の全身が描かれた肖像画が飾られ、彼女がこの館の住人であり、ストーリーの重要人物であることを強く印象づけている。

上：「ファントム・マナー」の肖像画ギャラリーにあるメラニー・レイブンズウッドの肖像画。

― 特別バージョン ―
ディズニーランド／東京ディズニーランド
ホーンテッドマンション・ホリデー

肖像画の廊下に飾られた変化する肖像画もホリデーシーズン限定の変貌を遂げる。パンプキン・キングからサンディ・クローズに変身するジャック・スケリントン、手にした小さなクリスマスツリーが燃えてしまうのを見つめるサリーといった『ナイトメアー・ビフォア・クリスマス』からのシーンや、ホリデー仕様に飾りつけられる屋敷の外装、カボチャに変化する雪だるまなど、マーク・デイヴィスご自慢の不気味ながらもユーモラスな変化が、ティム・バートン流に展開される。

84　THE HAUNTED MANSION

ロード・エリア

「セーフティーバーに触ってはいけない。
それを引くのは私の役目」

上：クロード・コーツによるコンセプト画。アトラクションのオープンにあわせて発売された「The Story and Song from The Haunted Mansion」（右）で描写されているような、「果てしない霧と荒廃が広がる死者の聖地」。左下：ドゥームバギーがゲストをロード・エリアから運んでいくシーン縮尺模型。ドゥームバギーもゲストも厚紙でつくられている。下：〝滅びゆく聖なる場所〟へとゲストを運ぶために、果てしない列をつくるドゥームバギー。

1969年にリリースされたレコードアルバム「The Story and Song from The Haunted Mansion」によれば、これから行くのは「果てしない霧と荒廃が広がる死者の聖地」だ。ゲストが動く歩道からドゥームバギーに乗りこむと、亡霊たちの棲家へ案内すべくゴーストホストが待ちかまえている。

A TOUR OF THIS GHOSTLY RETREAT   85

WDW & TOKYO：ディズニーランドのオリジナルとは少し異なり、ウォルト・ディズニー・ワールドと東京ディズニーランドのドゥームバギーのロード・エリアは、まず暗闇に燭台が浮かんでいる階段下のスペースを通って館の中枢へと入っていく。

キューラインを囲むチェーンをつなぐポールの先端を飾るコウモリの彫刻はオリジナルのデザインだ。コウモリは、キューラインの向きに応じて、両方の翼があるもの、右か左、どちらかの翼だけのもの、3種類ある。片方だけの場合でも、デザイナーたちは単に一方の翼を切り落としたわけではない。最初から全体をつくり、見えないほうの翼はちゃんと体の脇に折りたたまれている。

ゲストがドゥームバギーに乗る直前にあるコウモリは、開園以来、何百万人というゲストに触られてきた。たとえコウモリをとりかえる日が来たとしても、イマジニアたちは、このコウモリを生きた歴史として残すかもしれない。

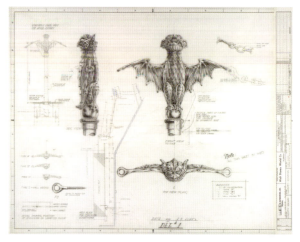

大階段

PARIS：「ファントム・マナー」のロード・エリアは大いなる見せ場で、玄関ホールの大階段がある。階段をのぼった正面にある大きな窓から見える不吉な夜景が、稲妻の光で照らしだされる。鋭い閃光が走ると一瞬、あらゆる色が失せ、あたりは陰鬱な灰色の景色と化す。

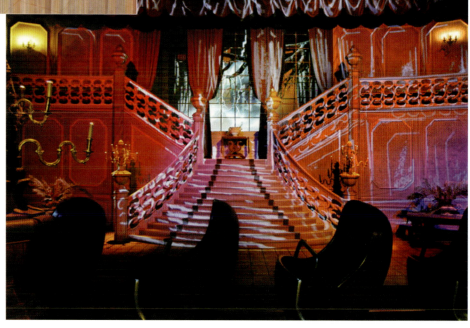

右上2点：ポールの先端のコウモリ。そのデザイン画からは、イマジニアたちの細部へのこだわりが伝わってくる。上と右：「ファントム・マナー」のロード・エリアにある大階段のコンセプト・アートと、実際のアトラクションの大階段。

86　THE HAUNTED MANSION

—※— 特別バージョン —※—
ディズニーランド／東京ディズニーランド
ホーンテッドマンション・ホリデー

ディズニーランドのロード・エリアでは、サリーや町長、顔が取り外せるピエロなど、ハロウィンタウンの住人たちが集合したコラージュのような動くディスプレイが、豪華かつグロテスクな背景としての役割を果たしている。東京ディズニーランドでは、ロード・エリアを出た直後、階段の上でジャックとサリーがお出迎えする。また、肖像画の廊下にはキャラクターたちの絵が並んでいる。

書斎とミュージックルーム

「ここにあるのは、たくさんの貴重な書物。それも、ぞっとするものばかり。この大理石の胸像は、文学史上に名を残すゴーストライターたちのものです」

WDW & TOKYO：ウォルト・ディズニー・ワールドと東京ディズニーランドの肖像画の廊下は、床から天井まで本で埋めつくされた書斎へと通じている。見えない亡霊の手が棚から本を引っぱり出し、椅子はゆったりと前後に揺れ、本を探しているのか、はしごがゆらゆら。棚の至るところに大理石の胸像があり、ドゥームバギーで通り過ぎていくゲストたちをにらみつけている。

ミュージックルーム

書斎から暗いミュージックルームへと進むと、ラフマニノフ風にアレンジされた「グリム・グリニング・ゴースト」が響きわたる。部屋の中央にあるほこりが積もったスクエアピアノが、ひとりでに曲を奏でているのだ。窓から注ぐ月明かりが、鍵盤をたたく演奏者——じつはゴーストホスト——の影を床に映している。その後ドゥームバギーは大階段をのぼって無限の廊下へと進む。現バージョンの無限の廊下は、ディズニーランドのオリジナルのものとほぼ同じである。

ゴーストホストの影が動くのは投影の効果だ。同様のイリュージョンは1990年代にディズニーランドの屋根裏部屋の場面にも取り入れられ、見えない演奏者が「結婚行進曲」を演奏している。

いちばん上：ディズニーランドで恐ろしいと評判だった動く胸像。フロリダと東京では書斎に置かれることになった。**上：**月明かりがさすと、亡霊の演奏者の影がミュージックルームの床に落ちる。

― 特別バージョン ―
東京ディズニーランド
ホーンテッドマンション・ホリデー

東京ディズニーランドでは、書斎にジャックの愛犬である幽霊犬のゼロがいて、宙に浮いている本をクリスマスツリーに見立て、周囲にきらきらしたモールを巻きつけて飾りつけをしている。またミュージックルームでは、サリーが再び登場して、バンパイア・テディの耳に〝取り憑く〟ようなピアノ演奏を聞いている。下はラリー・ニコライのコンセプト・アートと、その完成シーン。

88　THE HAUNTED MANSION

果てしない階段

「ここには999人の亡霊が住んでおり、1000人めが来るのを待っているのです。誰か希望者はおりませんかな？」

ウォルト・ディズニー・ワールドでは、大階段の手すりの上で身をかがめている不気味なガーゴイルが、ミュージックルームから出ていくゲストたちに悪意に満ちた眼差しを向けている。そしてドゥームバギーは、悪夢のような果てしない階段をのぼっていく。本線となる階段の左右にさらなる階段が逆さまになったりしながら不規則に宙に浮かび、どこからともなく、どこへともなく続いている。階段を照らすのは燭台のちらつく明かりのみ。さらに不安を煽るのは、そっと階段をのぼりおりする緑色の足跡だ！　姿の見えない亡霊たちが燭台のロウソクを吹き消すが、不思議なことに、ひとりでにまた点灯する。

「果てしない階段」は、2007年の改良の際に生まれた。暗闇にゴム製のクモとクモの巣が2セット置かれていただけだった大階段を、ゲストを引きこむような見せ場に変えたいというのは、イマジニアたちの長年の夢だった。エリック・ジェイコブソン率いるデザインチームは、アニメ化した像や、デジタル方式の投影を用いた"バーチャルルーム"など、あらゆるアイディアを検討した。クリエイティブ部門を管理するトム・フィッツジェラルドは、新しくつくる場面は本質的に"建築的"であるべきだと強く感じていた。あちこちに通じている階段の着想は、ケン・アンダーソンのオリジナルのコンセプト・スケッチから、そしてまた、彼の初期のデザインに影響を与えたウィンチェスター・ミステリー・ハウスから得たものだ。

ゲストは次に、真っ暗な短い廊下を進む。そこでは獣のような獰猛な光る目が、瞬きをしたりゲストをじっと見つめたりするが、目は壁紙に描かれた模様の一部だとわかる。

A TOUR OF THIS GHOSTLY RETREAT　89

左上：アトラクションのもとになった「ホーンテッドハウス」のためにケン・アンダーソンが描いた、ぼろぼろの木製階段のコンセプト。左：ケン・アンダーソンのもうひとつのコンセプト。亡霊の光る足跡が床の上を進んでいく様子が描かれている。上：2007年のウォルト・ディズニー・ワールドの改良用に作製した、クリス・ターナーによる果てしない階段の絵。下：長年の伝統を引き継ぎ、果てしない階段の縮尺模型に取り組むイマジニアのアダム・ヒル。

無限の廊下

「この廊下はどこまで続くのか、
私にもわからない」

階段をのぼって"2階"に着くと、終わりが見えない長い廊下のほうをゲストが向くように、ドゥームバギーがわずかに回転する。この無限の廊下のなかほどに、燭台が宙に漂っている。燭台には3つのロウソクの明かりがちらつき、館に住む999人のゴーストのひとりが、その行く手を照らしている。ドゥームバギーの通り道に置かれている大きな肘かけ椅子と甲冑が、ゲストたちをじっと見ている。この甲冑は本当に動いているのだろうか、それとも幻覚か？

廊下の途中に燭台が"浮いている"が、これはイマジニアリングが古くから使っている強化遠近法によるトリックだ。燭台の少し後ろに全身用の鏡が置かれていて、廊下が果てしなく続くようなイリュージョンをつくりだしている。鏡に映ったときの反射を最小限にするため、燭台の裏側は黒く塗られている。あたりが薄暗いことに加え、燭台の手前に黒い紗幕が張られていて、ゲストには反射やそのほかの効果がさらに見えにくくなっている。黒い紗幕は、廊下がかすんで見える効果も生んでいる。

よく見ると、肘かけ椅子の装飾模様が顔になっているのがわかる。鋭い観察眼をもつゲストなら、館の至るところにそのような目や顔を見つけることができるだろう。最もわかりやすいのは"不気味なドア"だ。これらは、つねに自分たちが見張られているような感覚をゲストに与え、館がまるで生きているかのように感じさせたいというイマジニアたちの試みの一環なのだ。

上：ウォルト・ディズニー・ワールドの無限の廊下。**下**：この設計図では、椅子に描かれている"顔"がはっきりと見てとれる。**左下**：無限の廊下の縮尺模型。明滅する照明器具と燭台も備わっている。

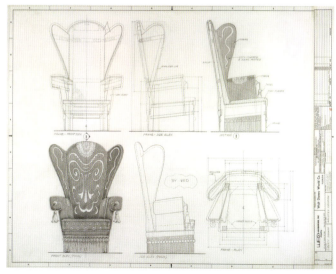

A TOUR OF THIS GHOSTLY RETREAT 91

花嫁の歓迎と無限の廊下

PARIS：「ファントム・マナー」では、ロード・エリアを離れるとまもなく、ゲストは初めて花嫁に出会う。ドゥームバギーは、優雅にお辞儀をする花嫁の前を通り過ぎて暗闇へ入っていく。まもなくドゥームバギーがカーブすると、無限の廊下が見えてきて新たな展開が始まる。果てしなく続く廊下の途中に、燭台を手にした花嫁が立っている。彼女は燭台を残してすうっと消え、燭台は、ほかの「ホーンテッドマンション」と同様に宙に浮いた状態となる。「これ以上先に進むのはやめなさい」と、まるで花嫁がゲストに忠告しているようだ。花嫁とファントムの争いが続いていることもこの場面からわかるだろう。

左：「ファントム・マナー」でゲストが初めてメラニー・レイブンズウッドの亡霊と会う場面を描いた、フェルナンド・テネドラのコンセプト・アート。イマジニアたちは、花嫁の亡霊が無限の廊下に浮かぶ燭台を手にして姿を見せれば、ストーリーにもあうだろうと考えた。

― 特別バージョン ―
ディズニーランド／東京ディズニーランド
ホーンテッドマンション・ホリデー

ドゥームバギーが無限の廊下にさしかかると、ゲストは、ジャックが扮するサンディ・クローズから彼の愛犬で親友でもあるゼロへの特別な贈り物を見つける。山積みになったたくさんの骨が、パンプキン・キングならではのクリスマス用リボンで飾られている。当の幽霊犬はというと廊下のなかほどに漂い、ハッピー・ハロウィーン！　と吠えながら、通り過ぎていくゲストたちに挨拶している。

温室

「彼らは死ぬほど諸君に会いたがっている。この亡霊はもう待ちきれないようだ」

ドゥームバギーが温室へ入っていくと、朽ち果てた花で飾られた大きな棺桶があり、葬儀が営まれている。だが、葬られている人はまだ死んでいないらしく（本当に？）、棺から節くれだった両手をつき出して、必死で逃げだそうとしている。棺のそばでカーカーと鳴いているカラスは、ゲストに、死体を起こすなと忠告しているかのようだ。温室の広々とした窓からは霧がかかった月明かりの光景が見え、このシーンにふさわしい不吉な背景をつくっている。このシーンは、X・アテンシオが当初ゴーストホストとして考えていたワタリガラスが初めて登場する場面でもある。

下：棺に閉じこめられた死体の声（アトラクション緊急時に流れる「そのままで待つように」というアナウンスも）は、ショーライターのX・アテンシオがみずから担当している。右：「ファントム・マナー」では、〝早すぎた葬儀〟のシーンは地下の世界に移され、温室は正式なヴィクトリア様式のミュージックルームになっている。

ミュージックルーム

PARIS：「ファントム・マナー」では、ウォルト・ディズニー・ワールドのミュージックルームと温室のシーンを合体させて、新たなミュージックルームがつくられた。温室にあるのは棺ではなくピアノで、亡霊のピアニストが葬送曲にアレンジされた「グリム・グリニング・ゴースト」を演奏している。床に落ちる影は、じつはファントムその人なのだ。ミュージックルームは不気味なドアへと続いている。

A TOUR OF THIS GHOSTLY RETREAT

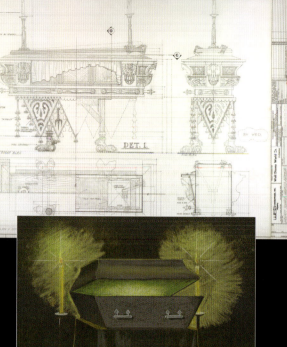
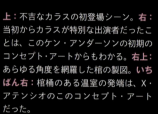
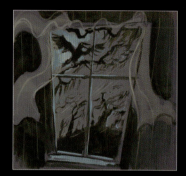

上：不吉なカラスの初登場シーン。**右**：当初からカラスが特別な出演者だったことは、このケン・アンダーソンの初期のコンセプト・アートからもわかる。**右上**：あらゆる角度を網羅した棺の製図。**いちばん右**：棺桶のある温室の発端は、X・アテンシオのこのコンセプト・アートだった。

— 特別バージョン —
ディズニーランド／東京ディズニーランド
ホーンテッドマンション・ホリデー

ドゥームバギーが温室に入ると、食肉の植物や花が『ナイトメアー・ビフォア・クリスマス』の挿入歌「サンディ・クローズを誘拐しろ」の楽しげなリフレインを合唱している。その一方で、棺のなかの人が逃げられないように、バンパイア・テディが棺に釘を打ちつけている。

94　THE HAUNTED MANSION

不気味なドア

「この廊下はトラブルだらけだ。
ぶじ通り抜けられるかな？」

不気味なドアが並ぶ廊下をドゥームバギーが通りかかると、亡霊たちはいよいよ落ち着きをなくし、自分たちの存在を知らせようとする。ドアノブや取っ手はガタガタ音をたてて回り、鎚矛(つちほこ)の形をしたドアノッカーが、ひとりでにドアを打つ。目に見えない何かが、向こう側から必死にドアをたたき、あの世の生き物たちが、なんとかして廊下に出ようと、うなり、吠え、うめき、苦しみの声をあげる。2本の怪物のような手をすきまから出して、執拗にドアをこじ開けようとしている者もいれば、部屋のなかからの強い力で膨らみ、息をしているかのように見えるドアもある。部屋から出てきた連中もいて、廊下の壁紙の無数の邪悪な目がゲストをじっと見つめている。

ここは「ホーンテッドマンション」でも暗くて怖い場所で、クロード・コーツの考えが明確に表れている。廊下のデザインや、とくに〝呼吸する〟ドアといった効果は、ロバート・ワイズ監督の『たたり』の影響を受けている。『たたり』は、シャーリィ・ジャクスンの小説を原作に、「ホーンテッドマンション」の長きにわたる開発中、1963年に公開された古典スリラー映画だ。

壁紙の目や顔も『たたり』の影響を受けていて、館そのものがゲストを見張っているという感覚を強めている。紫と黒の印象的な模様はマーク・デイヴィスのデザインと誤解されることが多いが、実際にはローリー・クランプが、クロード・コーツの手を借りてつくったものである。ローリーは、この不気味な壁紙は「奇妙な博物館」のために考えた典型的なデザインだと語っている。

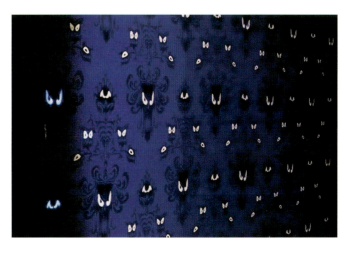

いちばん上と右：こうして不気味なドアが並ぶ廊下の壁を見ると、ローリー・クランプの不気味な壁紙が、館がゲストを〝見ている〟という印象を強調している。2007年のウォルト・ディズニー・ワールドの改良後（右）は、とくにその傾向が強まっている。**中央**：マーク・デイヴィスによる身の毛のよだつような肖像画。ディズニーランドとウォルト・ディズニー・ワールドの壁にかかっている。廊下の壁にある額縁入りの絵の多くには、ハットボックス・ゴーストや骸骨のヒッチハイク・ゴースト、墓地で登場する〝飛び出す〟ゴーストなどが描かれている。

A TOUR OF THIS GHOSTLY RETREAT

大時計

不気味なドアの廊下を出るとき、ドゥームバギーは振り子時計のそばを通る。時計は絶えず13時を打ち、短針も長針も猛烈な勢いで回転している。時折、かぎ爪のような手の影が時計を横切る。動く影は「ホーンテッドマンション」のなかでも最も単純な効果のひとつで、かぎ爪の手のシルエットが照明装置の前で回転する仕掛けだ。

左：暗闇のなかで目を凝らしてよく見ると、時計の上の部分が悪魔の顔になっていることがわかる。文字盤は大きく開いた口にはめこまれていて、揺れる振り子は悪魔の舌なのだ。

--- 特別バージョン ---
ディズニーランド／東京ディズニーランド
ホーンテッドマンション・ホリデー

温室のシーンは不気味なドアの廊下にまで延長され、人食い植物が気味の悪いクリスマス・キャロルを歌い続けている。つねに13時を打つ時計にゲストが近づくと、怪物のようなクリスマスリースが牙をむく。時計にはサンディ・クローズからのギフトタグがついていて、「レオタへ：13の特別な贈り物をあなたに！」という文字が読みとれる。

--- 改良バージョン ---
生ける屍の騎士

1980年代半ばになるとイマジニアたちは、ディズニーランドに意外性がなくなってきているのではないかという懸念を抱くようになり、「ホーンテッドマンション」を含む主なアトラクションに新たなサプライズをつけ足す方法を模索した。そしてエンターテイメント部門とチームを組んで、初めて館に生身の人間のパフォーマーを導入した。並んでいるゲストのあいだをうろつき、正面ドアで挨拶をするオペラ座の怪人のようなキャラクターや、不気味なドアの廊下にいる文字どおり〝生きた〟甲冑などだ。こうしたキャラクターが、時と場所を変えてひょいと現れる。アトラクションに予測不能で意外な要素を加えられる素晴らしいアイディアだった。

けれど、この大胆な試みは、ゲストにとっては少々怖すぎて、キャストにとっても危険すぎた。突然現れた騎士に、驚きのあまり思わず反撃してしまったゲストもいた。残念ながら騎士の甲冑は中世の先祖たちの甲冑のように頑丈ではなかったため、このアイディアはあっけなく打ち切りになってしまった。

降霊会の部屋

「おそらくマダム・レオタが
亡霊を呼び出してくれるだろう。
彼女は霊魂に肉体を与えるという、
特別な才能をもっている」

振り子時計が13時を打つ音が鳴り響くなか、ドゥームバギーが降霊会の部屋へ入っていくと、暗い聖なる部屋で大昔からの儀式が行われている。タロットカードが散らばったテーブルの上方に水晶球が浮いていて、テーブルの後ろの椅子には、あの不吉なカラスがとまっている。そばのブックスタンドに立てかけられた大きな古書は「ネクロノミコン：死者の書」。1312-1313ページが開かれ、あの世から亡霊たちを呼び出す呪文が載っている。

ドゥームバギーがゆっくりテーブルを回り、ゲストは、亡霊を呼び出す力をもつマダム・レオタと向かいあう。マダム・レオタは水晶球のなかで光を放ちながら、哀調を帯びた呪文を唱えて館にいる亡霊たちを呼び出し、姿を現すように促す。「ヘビよ、クモよ、ネズミの尾よ。霊を呼び寄せろ」。楽器などが宙を漂い、部屋の片隅でかすみのように亡霊が姿を現し始める。

マダム・レオタは「ホーンテッドマンション」のなかでも最も効果的で独創的なイリュージョンのひとつだが、仕掛けはいたってシンプルだ。そのきっかけは、1959年にローリー・クランプとイェール・グレイシーが行った実験にまでさかのぼる。ディズニーのテレビ番組で『白雪姫』の魔法の鏡役を務めていた性格俳優ハンス・コンリードの顔の映像を、ベートーベンの胸像の上に投影してみたのだ。当時を振り返ってローリーいわく「ぴったり同調はできなかったけれど、実際にベートーベンが話しているように見えたんです。ウォルトに見せたら、気に入ってくれてね」。

マダム・レオタの声は、ディズニーのベテラン声優エレノア・オードリーが担当した。彼女は『シンデレラ』の意地悪な継母トレメイン夫人や『眠れる森の美女』の邪悪な魔女マレフィセントの声の主でもある。

マダム・レオタの顔は、WEDの模型製作者だったレオタ・トゥームズだ。イマジニアたちは、オーディオトラックに

上3つ：不滅のキャラクター、マダム・レオタ（いちばん上）をつくるにあたり、イマジニアたちは同僚のレオタ・トゥームズ（中央：「カントリーベア・ジャンボリー」の模型を製作しているところ）の顔とエレノア・オードリー（上）の特徴ある声を組みあわせた。

あわせて演じるレオタの映像を撮影した。

そしてレオタの顔とエレノアの声を組みあわせ、光り輝くミステリアスな霊能者が魔法のようにつくりだされた。イマジニアたちは、不滅のレオタ・トゥームズと、彼女が呼び出す亡霊たちを称えて、このイリュージョンを「レオタ効果」と呼んでいる。

A TOUR OF THIS GHOSTLY RETREAT

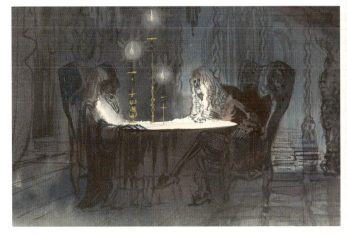

― 改良バージョン ―
宙に浮かぶレオタ

"浮かぶレオタ"は、2005年のディズニーランド50周年の際に"古典的なものを一新する"試みのひとつとしてデビューし、2年後にはウォルト・ディズニー・ワールドにもお目見えした。その仕掛けは、まさにオリジナルのレオタイリュージョンの21世紀版といえるもので、マダム・レオタが水晶玉ごと降霊会の部屋を飛ぶという、あり得ないような不思議な仕上がりになっている。

開かれている呪文の書には、2つの秘密が隠されている。まず大鎌を持つ死神の絵は、骸骨のヒッチハイク・ゴースト(あるいは同じ風貌のハットボックス・ゴースト)がマントを着た姿である。そして冒頭の呪文は、1968年のディズニー映画『黒ひげ大旋風』で、俳優のディーン・ジョーンズが、ピーター・ユスティノフ演じる黒ひげの幽霊をうっかり呼び起こしてしまったときに唱えた呪文である。残りは、そっくりそのままマダム・レオタの呪文になっている。

左上:アトラクション改良の際の、クリス・ターナーによる浮かぶレオタのコンセプト画。いちばん上:ディズニーランドの降霊会の部屋のシーンの縮尺模型。弧を描いた軌道に沿ってドゥームバギーがどのように動くかを示したもの。上:降霊会の部屋のシーンの初期のコンセプト画。骸骨のような霊能者が描かれている。下:「ファントム・マナー」の降霊会の部屋のストーリーボード。一連のアーチのなかに呼び起こされた亡霊たちを見ることができる。

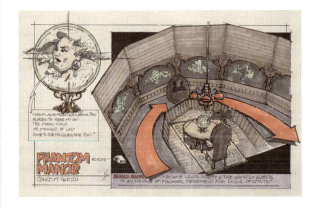

PARIS:「ファントム・マナー」の降霊会の部屋は、暗黒の世界というよりはフォーマルなヴィクトリア様式の居間のようだ。カーテンがかかったアーチがいくつもあり、ゲストは甦った亡霊たちを見ながら暗い部屋を通り抜けていく。ほかの「ホーンテッドマンション」のような宙に浮く楽器はなく、マダム・レオタは呪文(フランス語と英語、交互に唱えられている)で花嫁について触れ、結婚式を予告している。

― 特別バージョン ―
ディズニーランド／東京ディズニーランド
ホーンテッドマンション・ホリデー

マダム・レオタの呪文をホリデーシーズン用につくりかえ　　　こうしてキムは、30年以上前の母親と同じように、不気

グランドホール

**「君たちの心が通じたらしい。
一族が甦り、舞踏会の準備を始めたようだ」**

　ドゥームバギーは降霊会の部屋を出て、グランドホールと呼ぶにふさわしい豪華な広間を見おろすバルコニーへと進んでいく。

　亡霊たちが宴会用の長テーブルに集まり、ごきげんな目覚めを祝って飲み騒いでいる。客人たちは、女主人が〝命日のケーキ〟のロウソクを吹き消そうとするタイミングにあわせるかのように、ゆっくり消えたり現れたり。テーブルのずっと上では、シャンデリアに座って酒を楽しむ陽気な亡霊たちの姿も。高いところにある窓の外では稲妻が光り、かすみのような亡霊たちが窓から出たり入ったりしている。また、ホールの外に停まっている霊柩車から客人たちが次々と出てきて、祝宴に加わろうと途切れることのない列をつくっている。

　ホールの反対側の端では、オルガン奏者が奏でるワルツ版「グリム・グリニング・ゴースト」の音楽にのって、カップルたちが夜通し踊り明かしている。オルガンのパイプからは、骸骨が叫び声をあげながら出てきて宙に消えていく。ダンスフロアの上の壁には、ピストルを手に決闘する2人の肖像画。死後長い時を経ているにもかかわらず、2人の魂は肖像画から抜けでて、永遠に決着をつけようとしている。本当に、死ぬほどすてきなパーティーだ。

　このシーンは、亡霊たちの結婚式を描いたクロード・コーツの初期のコンセプト・アートから生まれた。ケン・アンダーソンの初期のシナリオに登場した〝偉大なるシーザーの亡霊〟も、長テーブルに座っている。よく目を凝らすと客人のひとりが、テーブルの下で安らかな眠りについているのが見える。また、暖炉の上のマントルピースには、肖像画の廊下にある厳格そうな女教師と同じ大理石の胸像があり、その隣にひとりの亡霊が座っている。

　多くの人の思いこみや都市伝説とは異なり、この亡霊たちはホログラムや精巧なレーザー効果などではなく、ましてやグランドホールに住みついている本物の亡霊たちでもない。このシーンは、まさにオーディオ・アニマトロニクスの技術の見せ場であり、1959年からローリーとイエールが実験してきたイリュージョンの成果なのだ。

左ページ：グランドホールで〝目覚めの宴会〟を楽しむ亡霊たち。**上**：ゲストには見えないグランドホールの外側を描いた、マーク・デイヴィスの絵。亡霊の客人たちが霊柩車から降りてきてグランドホールに入っていく。**右**：マーク・デイヴィスによるこのコンセプト画で見られるように、肖像画の廊下にあるイリュージョンの胸像が実際に立体となってグランドホールに置いてある。

A TOUR OF THIS GHOSTLY RETREAT 101

上とその左右：決闘する2人を描いたマーク・デイヴィスのコンセプト画が、等身大の油絵になってグランドホールに飾られている。**左**：ロッキングチェアに座っている"おばあさん"は、「カルーセル・オブ・プログレス」(22ページ参照)に"生きている状態で"登場したキャラクターの流用だ。**下**：オーディオ・アニマトロニクスのパーティー参加者のなかには、シーザー大王の亡霊もいる。

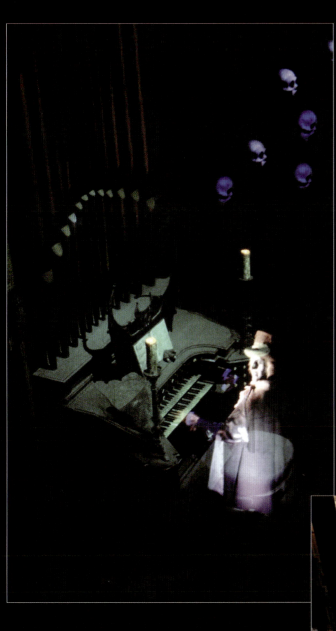
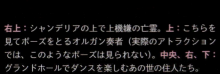

右上：シャンデリアの上で上機嫌の亡霊。上：こちらを見てポーズをとるオルガン奏者（実際のアトラクションでは、このようなポーズは見られない）。中央、右、下：グランドホールでダンスを楽しむあの世の住人たち。

上2つ：グランドホールの決闘者たちを描いたコンセプト・アート。**右**：「カリブの海賊」に登場するオーディオ・アニマトロニクスの競売人。**右下**：同じく「カリブの海賊」のフィギュアとデザイナーのブレイン・ギブソン。**下**：グランドホールのシャンデリアの上にいる、亡霊の"ピックウィック"と友人たちのコンセプト・アート。

ピストルを持って肖像画から抜けだした決闘者たちをよく見ると、悪名高き競売人を含め、「カリブの海賊」のオーディオ・アニマトロニクスが"亡命"してきていることがわかる。

シャンデリアの上にいる亡霊はピックウィックといって、マダム・レオタ以外で唯一、特定の名前がついているキャラクターだ。名前のいわれは、いかにもディケンズの小説「ピックウィック・クラブ」の主人公のような風体をしているからだろうか？ しかし、内輪受けするジョークが好きなイマジニアたちのこと。彼らの多くがグレンデールにあるWEDに向かう途中で、毎日ピックウィックセンターという宴会場の前を通っていたことも関係しているのかもしれない。真実は謎のままだ。

104　THE HAUNTED MANSION

　ディズニーランドのグランドホールのオルガンは、じつは1954年の映画『海底2万マイル』のネモ船長のパイプオルガン（ただしパイプ以外）だ。色を塗り直し、コウモリの形の譜面台などの装飾を施した。それ以降のパークのオルガンは、このオリジナルを再現したものである。

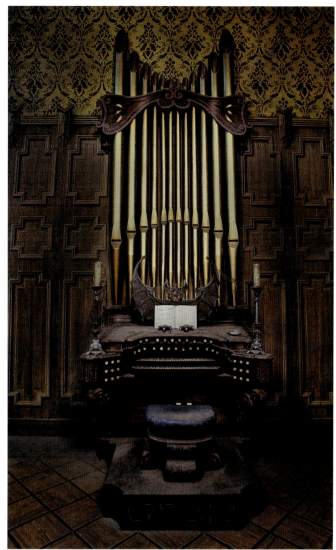

左上：マーク・デイヴィスによるオルガン奏者のコンセプト画。**上**：新たな棲家を得たネモ船長のオルガン。**左**：「ファントム・マナー」のグランドホールのシーン。ケン・アンダーソンのウエディングパーティーは、ついにここで実現した。

PARIS：「ファントム・マナー」のグランドホールでは、花嫁の結婚パーティーが今まさに始まろうとしている。これは初期の「ホーンテッドマンション」の構想として、クロード・コーツが考えていたコンセプトである。シーンのほとんどはアメリカや日本の「ホーンテッドマンション」と同じ演出だが、階段の途中に花嫁が立っていて、外に停まっている霊柩車から降りてくる客人に挨拶をしている。稲光に照らされて階段の上の窓にファントムの姿が浮かびあがり、酒宴のさなか、ファントムの邪悪な笑い声が鳴り響く。やがて客人たちは、ゆっくり姿を消していく。花嫁ひとりを残して。そう、悲しくも、結婚式が行われることはなく……これから起きる恐ろしい出来事を予感させるばかりだ。

A TOUR OF THIS GHOSTLY RETREAT

― 特別バージョン ―
ディズニーランド／東京ディズニーランド
ホーンテッドマンション・ホリデー

　グランドホールでは、究極のクリスマスパーティーの真っ最中だ。亡霊たちに取り憑かれたジンジャーブレッドのデザートが祝宴用テーブルの上に置かれ、ジャック・スケリントンにふさわしく枯れた巨大なクリスマスツリーが、ダンスフロアの真ん中にそびえ立っている。ゼロがツリーのてっぺんあたりを飛び回り、光るジャック・オー・ランタンの飾りを、もうひとつぶらさげようとしている。

　バルコニーの窓にはジャックとサリーのシルエットも見える。どうやらヤドリギの小枝（クリスマスの飾りにし、その下ではキスをしてもいいとされている）を持っているらしい。オルガン奏者は、オリジナルのこのシーンでの「グリム・グリニング・ゴースト」の扱いと同様、「サンディ・クローズを誘拐しろ」をワルツ調で演奏している。

屋根裏部屋

「死が2人を分かつまで……」

グランドホールを出ると、ドゥームバギーは埃っぽい屋根裏部屋へとゲストを運んでいく。そこは骨董品やランプなど、100年以上も前の結婚式以来そのままになっている贈り物や思い出の品で埋めつくされている。青白く冷たい光と心臓の脈打つ音があたりを満たし、リヒャルト・ワーグナーの「結婚行進曲」を陰気なアレンジで奏でているハープシコードの音色が、不吉な雰囲気を醸しだす。

結婚祝いのクリスタルグラス、陶磁器、燭台、オルゴール、日用品など、たくさんの品々のなかでひときわ目につくのは、一見幸せそうな花嫁と花婿を写した何枚かの記念写真だ。若く美しい花嫁はすべて同一人物だが、花婿はすべて違う。結婚が度重なるにつれて贈り物はより豪華になり、花嫁がより多くの富と社会的名声を手にしていったことがわかる。彼女はどの写真でも同じ花嫁衣装を着ているが、結婚のたびに真珠の首飾りの連が増えていく。さらに不穏なことに、花婿たちの頭が一瞬ふっと消え、何秒かするとまた見えるようになるのだ。

そしてゲストは、闇のなかで花嫁コンスタンスの亡霊に遭遇する。彼女は青白い光を放ち、かすかな風にウエディングドレスとベールがはためいている。「病めるときも健やかなるときも……」という誓いの言葉を唱える彼女の手

上：シーンの最後に姿を現す"ブラック・ウィドウ・ブライド（不吉な未亡人の花嫁）"のコンスタンス。**左下**：東京ディズニーランドで登場する花嫁。**下**：この縮尺模型では花嫁が元の場所にいるが、今ではここにハープシコードを演奏する亡霊の影が陣取っている。肖像画の廊下にある「4月／12月」と題されたマーク・デイヴィスの絵が、花嫁の頭上に掛けてある。

A TOUR OF THIS GHOSTLY RETREAT 107

Before　　　　　After

に研ぎすまされた斧が現れ、月の光に照らされてキラリと光る。斧が消えると、花嫁は邪悪な笑みを浮かべ、お気に入りのフレーズを唱える。「死が2人を分かつまで……」
　そのぞっとするような声をあとにして、ドゥームバギーは屋根裏部屋の窓から外へ出ていく。

　イマジニアリングが生んだ"ブラック・ウィドウ・ブライド"と呼ばれるコンスタンスが登場したのは、2006年5月のディズニーランド。2007年9月にはウォルト・ディズニー・ワールドにもお目見えした。花嫁をめぐるこの不吉なストーリーを書いたのは、ショーライターのクリス・グースマンだ。館の古くからの住人である花嫁のキャラクターを、男たちを誘惑して富をしぼりとる女性に変えることで、より印象を強くした。肖像写真と結婚祝いの品々は、コンスタンスが4回の結婚を経て、ついに館のオーナーと式を挙げるに至るまでを物語っている。

右上：クリス・ルンコによる、コンスタンスと不幸な花婿のひとりの変化する肖像画"ビフォア／アフター"のコンセプト・スケッチ。彼女の愛しの夫たちは、登場順（そして消える順）に、アンブローズ、フランク、公爵、レジナルド、そしてジョージ。**上**：クリス・ターナーが描いたコンスタンス。**右**：ディズニーランドの屋根裏部屋でハープシコードを奏でる亡霊の影。ハープシコードを飾る花は、何年か後に燭台に変わった。

108　THE HAUNTED MANSION

左：最初の肖像写真からは、若きコンスタンスが花婿よりも背が高いことがわかる。素朴で善良な花婿のアンブローズは、成功した農場主の息子だ。見るからに人のよさそうなアンブローズは流行遅れの山高帽をかぶり、"実用的"だがサイズのあっていないウールのスーツを着て写っている。彼らのウエディング帳の表紙にはこのように記されている：

私たちの結婚の日
アンブローズとコンスタンス
1869年

右：コンスタンスの２度めの結婚相手は、東部の銀行家で地域社会の名士であるフランク。観察眼のあるゲストなら、結婚記念の写真にはすべて、花嫁と身なりの異なる首なしの花婿が写っていることに気づくだろう。この場面の祝いの品のなかには、18世紀のフランス人女性をかたどった優雅な陶器の人形があるが、その足元に倒れているフランス男性の人形は首がパキンと折れているようだ。キューピッドやハートマーク、花々が描かれたヴィクトリア調の垂れ幕は謳う：

フランクとコンスタンス
真実の愛よ永遠に
1872年

左：絶えず前を、そして上を目指すコンスタンスの３番めの夫は、公爵として知られる異国から来た外交官だ。彼は軍服姿で肩に綬をかけ、上着にも多くの勲章をつけている。それらは彼がきわめて高い地位に就いていた証であり、そのうえ立派な羽飾りのついた正装用の帽子をかぶっている。肖像の近くには帽子掛けがあり、コンスタンスの５人の夫それぞれの帽子が掛かっている：

公爵とコンスタンス
1874年

右：コンスタンスは上流社会への階段を昇り続け、その最後から２番めの夫になったのは、高名な鉄道王にして投機家、また世界的に有名な美食家でもあるレジナルドだ。彼は非常に高い地位にある者の流儀として、錦織のベスト、レースのシャツ、礼服の上着、そして気品ある紳士のシルクハットを誇らしげに身につけ、大きな指輪が、その短い指をこれ見よがしに飾りたてている。"ブラック・ウィドウ・ブライド"の魔性の陰謀は、まさしく計画どおりに進んでいる：

レジナルドとコンスタンス
1875年

左：コンスタンスの５回めにして最後の結婚相手であるジョージは、のちに「ホーンテッドマンション」として知られるようになる館の歴代の主人たちのひとりである。彼のふさふさした口ひげとくぼんだ目は、まごうことなく伸びる肖像画の墓石に刻まれた厳めしい顔つきの男性その人だ。ここにある結婚の贈り物はこれまでで最も豪華で、クリスタルのボウルや花瓶、輸入品の陶磁器、それにジョージが外国旅行から持ち帰ったたくさんのエキゾチックな土産物も見られる。この結婚の肖像写真は装飾を凝らした大きな額に入れられ、そこにはこう刻まれている：

ジョージとコンスタンス
1877年

左：この場面は、コンスタンスと２番めの夫フランクとの不幸な結婚を表している。彼がたどった残酷な運命は、姿を変える不気味な肖像に永遠に残されている。
すぐ下：クリス・ルンコによる同場面のコンセプト・スケッチ。"ブラック・ウィドウ・ブライド"たるコンスタンスのストーリーを物語るため、それぞれの小道具や装飾が大きな役割を果たしていることがわかる。
左下：「ファントム・マナー」の花嫁の部屋。**いちばん下**：「ファントム・マナー」の花嫁の部屋のコンセプト・アート。

　不運な花婿たちの役は、すべてイマジニアが演じた。クリスは最後の花婿をジョージと名づけた。これは、伸びる部屋の肖像画の墓石にある"斧で殺された"ジョージにちなんだもので、彼を演じたイマジニアは、墓石のジョージに似せて役づくりをすることになった。とはいえ、1968年のX・アテンシオの筋書きによれば、「夫（のジョージ）に先立たれた未亡人のアビゲイル・ペイトクリバー」とあり、伸びる部屋の肖像画に描かれている女性はコンスタンスではない。

　イマジニアはコンスタンスをつくりだすため、今や古典ともいえるレオタイリュージョンのハイテクバージョンを用いた。だが、２人の異なる演者がひとつのキャラクターを演じるという伝統は守り、女優のジュリア・リーが花嫁の姿を、ベテラン声優のカット・クレシダが声を演じた。

花嫁の部屋

PARIS：「ファントム・マナー」では屋根裏部屋に代わり、花嫁の部屋を通り抜ける。化粧台に向かって決して行われない結婚式のために永遠に支度をし続ける花嫁を、ファントムが見張っている。鏡にぼんやりと映る骸骨が花嫁の運命を暗示している。

110　THE HAUNTED MANSION

ハットボックス・ゴースト

　ハットボックス・ゴーストは「ホーンテッドマンション」のなかでも最も謎に包まれたもののひとつで、その存在をめぐり、ファンたちは長年推理したり議論したりしてきた。

　2015年、ディズニーランド60周年記念の際に追加されたハットボックス・ゴーストは、墓地を見渡す屋根裏部屋の外のバルコニーに立っている。右手にステッキを握り、左手で帽子の箱を掲げ、魅惑に満ちた手品（もしくは頭による頭品？）を披露する。体から頭が消えて帽子箱のなかに現れ、そしてまた体に戻って帽子箱は空になる。

　しかし、驚くほどのことではない。というのは、ハットボックス・ゴーストは「ホーンテッドマンション」のオリジナルプランから存在していたものだからだ。彼は屋根裏部屋で、花嫁の向かい側にいるはずだった。ところが、1969年のオープンまもなく、ほぼすべての彼の痕跡が消えてしまったのだ———オーディオ・アニマトロニクスのフィギュアから、彼をつくるための道具までも。残ったのは、屋根裏部屋で彼が奏でるはずだったハープシコード、それに彼の存在を裏付ける何枚かの写真と絵だけだった。

　彼はどこに行ったのか？　なぜ、いなくなったのか？　いったい何が起こったのか？　あまりの恐ろしさに、アトラクションの内覧会中にレポーターが心臓発作を起こしたからだという話が長年にわたり広まってきたが、これはまったく根も葉もない噂だ。

　事実は、ドラマティックでも恐ろしくもなく、単にイリュージョンがうまく映らなかっただけのことだった。それから早45年が過ぎ、新世代のイマジニアは、先人たちの頃にはなかった21世紀のテクノロジーを手に入れた。

　実際のところ、かなりシンプルなイリュージョンなのだが（ただし、我々が種明かしをするとは思わないでいただきたい）、1969年にはつくることができなかったし、1999年になってさえも不可能だった。現在のイリュージョン技術でも、まだ十分ではない。結局、新しいハットボックス・ゴーストは、昔から館にいるゴーストたちにあわせなくてはならなかった。そしてイマジニアたちは、ついにハットボックス・ゴーストの頭をつくるための型を発見した。それには「エズラ／ハットボックス」とラベルが貼られていた。つまり、3人のヒッチハイク・ゴーストでいちばん背の高いエズラの顔をつくったのと同じ型が、オリジナルのハットボックス・ゴーストにも使われていたのだった。

　かくして45年以上の謎と疑惑の果てに、ハットボックス・ゴーストは「ホーンテッドマンション」で居場所を見つけたのである。

上左：アトラクションのオープン時に設置されていたハットボックス・ゴースト。**上右**：マーク・デイヴィスによる、マントありとマントなしのハットボックス・ゴーストのコンセプト・スケッチ。**すぐ上**：ハットボックス・ゴーストの視覚効果をアップデートしている様子。**左**：新しいハットボックス・ゴーストの型づくりに取り組んでいるところ。

A TOUR OF THIS GHOSTLY RETREAT

～特別バージョン～
東京ディズニーランド
ホーンテッドマンション・ホリデー

ドゥームバギーが屋根裏部屋に入ると、映画の代表曲「クリスマスって？」が部屋いっぱいに響きわたる。色とりどりに飾りたてられたたくさんのクリスマスプレゼントが、サンディ・クローズによって、いい子といい悪鬼たちに届けてもらうのを待っている。黒とオレンジの縞模様のヘビが部屋をずるずるとはいながら、ジャックの"いい子or悪い子リスト"を飲みこもうとしている。箱のなかに小さなウギー・ブギーの人形がいるのもお見逃しなく。

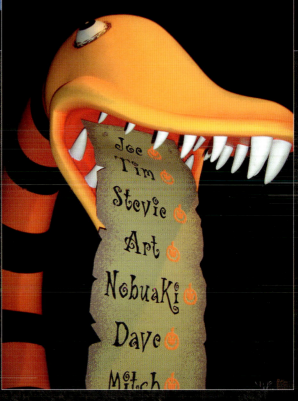

墓地

「地下室のドアがきしみ、
墓石がぐうぐう揺れている。
ほう、ごきげんな亡霊たちが目を覚ます」

禍々しい花嫁を通り過ぎ、ドゥームバギーは屋根裏の窓から"落下"する（といっても、ショーの建物のなかなのでゲストは無事だ）。近くの木には、真っ赤に燃える目を光らせたカラスがとまって見張っている。

陽気なジャズ調の「グリム・グリニング・ゴースト」が流れるなか、ドゥームバギーは怯えた表情の管理人と猟犬を横目に、館の隣の墓地へと入っていく。墓から現れる何百もの亡霊たちは、マーク・デイヴィスのキャラクターデザインと視覚的なギャグの真骨頂だ。ここには、あらゆる場所と時代を超えた亡霊たちが飛び交っている。中世の吟遊詩人たちの楽隊や、シーソーに乗ったヴィクトリア朝の王と女王から、本格的なイギリス式ティーパーティーを楽しむ亡霊、開いた石棺に座っているエジプトのミイラに至るまで、誰もが、この夕べの祭りを主催する大理石の胸像たちの歌にあわせて歌い興じている。マダム・レオタの呪文の魔力で、とうとう館の幸福な999人の亡霊たちが"挨拶をしに"やってきたのだ。

右上：管理人の表情を見れば、行く手の墓地に何があるのか、ゲストにも見当がつく。**右と下2つ**：マーク・デイヴィスの軽妙なタッチは、「ホーンテッドマンション」のグランドフィナーレのために描かれたスケッチにもはっきり表れている。

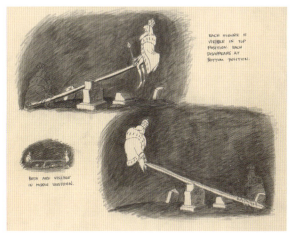

A TOUR OF THIS GHOSTLY RETREAT   113

墓地のシーンでは、「ホーンテッドマンション」のほかのどのシーンよりも、たくさんのオーディオ・アニマトロニクスのフィギュアが使われている。その多くは、ディズニーの通常のキャラクターには当たり前の"皮膚"がなく、亡霊にふさわしく骸骨のように見える半透明の衣装を身につけている。あるいは、蛍光塗料が施され、小道具、衣装などがブラックライトで光って存在をアピールしている者もいる。これらオーディオ・アニマトロニクスのフィギュアに加え、ローリーとイエールの"飛び出す"ゴーストたちも効果的に配置された。

ここでもイマジニアは、遠近法を用いて墓地を実際よりもずっと広く見せている。小道具やセットは、遠くに行くほど小さくつくられている。また、ドゥームバギーの通り道とセットの後ろの壁の隙間には、薄手の紗幕が張られ、より深い奥行き感を出しながら、靄がかかったような不気味な雰囲気をつくりだしているのだ。

いちばん上：墓地の至るところにいる"飛び出す"ゴーストのひとり。背後に、マーク・デイヴィスによる首なし騎士とオペラ歌手の姿が見える。**上**：完成したアトラクションに登場する陽気な吟遊詩人の一団。**右上**：騎士とその首を落とした執行人は「グリム・グリニング・ゴースト」を一緒に歌い、もうわだかまりがないことを示している。そばに立っているひげもじゃの服役囚は、ゲストのドゥームバギーに乗せてもらおうと、まもなくヒッチハイクをしに現れる。**右2つ**：半透明の衣装、蛍光塗料とブラックライトが墓地の亡霊たちに独特の様相を与えている。

墓地では無数のゴーストたちが墓から立ち現れてくる。この「禿山の一夜」を思わせるイリュージョンは、どうやってつくられたのか、多くのゲストたちが知りたがってきた。紗幕に映像を投影したものだとわかれば驚くにあたらないだろうが、その裏話を聞いたらちょっとびっくりするかもしれない。

イエール・グレイシーとローリー・クランプが、『白雪姫』の魔法の鏡を演じているハンス・コンリードを投影する実験をしていたときのこと、うっかり彼の顔を、宴会場によくある回転式のミラーボールに映してしまった。すると、何千というコンリードの顔が部屋中に渦巻いたのだ。2人は、この驚くべき効果を999人の幸福な亡霊たちに応用できると直感し、実行に移した———というわけだ。

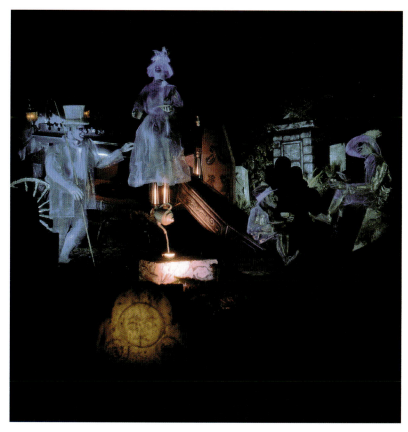

上：コリン・キャンベルによるコンセプト画。墓から起きあがってきた、かすみのような亡霊たちが描かれている。**右**：ウォルト・ディズニー・ワールドでは、悪名高い船長が霊柩車の右側の墓石に座って、お茶を飲んでいる。

A TOUR OF THIS GHOSTLY RETREAT   115

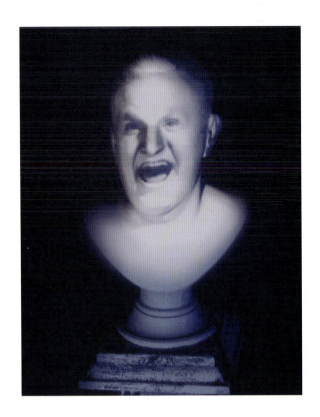

歌う胸像たち

　墓地のシーンの歌う胸像たちは通称「ファントム・ファイブ」と呼ばれ、サール・レーヴェンズクロフトが演じるアンクル・セオドアというキャラクターがリーダーを務めている。どういうわけか、胸像のひとつはウォルト・ディズニーの顔だという都市伝説があるが、どれもウォルトではない。「ファントム・ファイブ」のメンバーは、ロロ・ラムキン（ヴァーン・ロウ）、アンクル・セオドア、カズン・アルジャーノン（チャック・シュローダー）、ネッド・ナブ（ジェイ・メイヤー）、フィニアス・P・ポック（ボブ・エブライト）である。

　このイリュージョンは、マダム・レオタと同じ視覚効果によるものだ。「グリム・グリニング・ゴースト」を歌う演者たちは目と口だけで演技をしなければならなかったため、彼らの表情は大げさで、アニメーションのようだ。

上：歌う胸像のひとり、ネッド・ナブ。ジェイ・メイヤーが、その顔を演じている。**右**：マーク・デイヴィスのコンセプト画。**下**：縮小模型。

上：フェルナンド・テネドラによるコンセプト・デザイン。レイブンズウッドの館を出て地下世界へおりていくゲストを、ファントムが待ち受けている。

地下世界へ

PARIS：「ファントム・マナー」では、「ホーンテッドマンション」の墓地のフィナーレが、"地下世界"へと大胆に変更され、埃っぽい文字どおりのゴーストタウンでクライマックスを迎える。花嫁の部屋から出ると、ファントムその人がゲストを死者の世界へいざなう。それを合図にドゥームバギーは、ファントムが掘ったばかりの穴のなかへ後ろ向きに落ちていく。落ちた先は"ブートヒル"と呼ばれる西部開拓移民たちの墓地。あらゆる種類のゴースト、グール、ゴブリンたちが墓から姿を現す。腐りかけた死体が甦り、崩れそうな大理石の胸像たちのカルテットが歌う「グリム・グリニング・ゴースト」にあわせて骸骨が踊りだす。踊る骸骨は、ディズニーの「シリー・シンフォニー」シリーズの第1作『骸骨の踊り』(1929)からヒントを得たものである。

ファントム・キャニオン

ドゥームバギーが地下墓地からファントム・キャニオンと呼ばれる渓谷に進むと、身の毛もよだつようなファントムの笑い声が響きわたる。ここは、サンダー・メサの町のゴースト版だ。ドゥームバギーは幽霊列車専用の駅を通り過ぎて町なかへと向かう。今にも倒れそうな木の壁がかたかたと音をたてて揺れ始め、ゲストは1860年に起きたあの大地震を追体験することになる。さらにゴーストタウンのメインストリートに出ると、市長が帽子をとって、いや、帽子と一緒に頭までとって、ゲストに歓迎の挨拶をしている。「ファントム・マナー」で、「ホーンテッドマンション」のオリジナルのナレーションとポール・フリースの声が聞けるのはここだけだ。ゲストは、ゴースト流ポーカーゲーム、昔ながらの決闘、銀行強盗など、ゴーストたちが演じる西部劇の定番シーンを楽しむことができる。

いちばん上とその右下：コンセプト画に見られるように、「ファントム・マナー」では歌う胸像はひとり減ってカルテットとなり、地下世界へ引っ越した。上と左：ドゥームバギーが「ファントム・マナー」の地下墓地へとゲストを運ぶと、腐った死体が甦って棺から起きあがる。

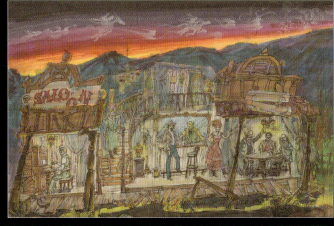

地下世界では、サンダー・メサが悪夢のようなファントム・キャニオンとなり、あらゆる種類の腐乱死体が暮らしている。

A TOUR OF THIS GHOSTLY RETREAT

── 特別バージョン ──
ディズニーランド／東京ディズニーランド
ホーンテッドマンション・ホリデー

墓地は亡霊にふさわしい真っ白な雪で覆われ、陽気な亡霊たちが思い思いに自分たちのクリスマスを楽しんでいる。墓地の門には、血のように赤いサンディ・クローズの衣装に身を包んだジャック・スケリントンの等身大のオーディオ・アニマトロニクスが立ってゲストを迎え、忠犬ゼロもそばに控えている。このシーンには、ティム・バートンによる最も印象的なデザインのひとつ、ハロウィンタウンの墓地を象徴する「スパイラル・ヒル」も再現されている。

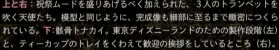

上と右：祝祭ムードを盛りあげるべく加えられた、3人のトランペットを吹く天使たち。模型と同じように、完成像も細部に至るまで緻密につくられている。下：骸骨トナカイ。東京ディズニーランドのための製作段階（左）と、ティーカップのトレイをくわえて歓迎の挨拶をしているところ（右）。

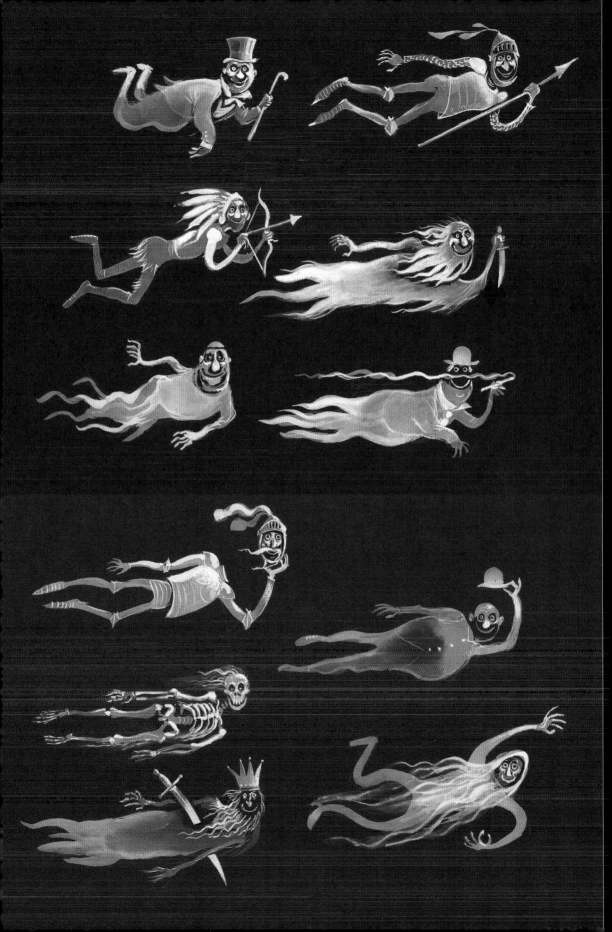

地下室

「それに、亡霊のひとりを
あなたの家までお供させよう……」

大な石造りの地下室の入り口でカラスが最後のお目見えをして、赤く光る目でゲストをにらんでいる。そしていよいよ、館でいちばん人気のキャラクター、ヒッチハイク・ゴーストとご対面だ。

ヒッチハイク・ゴーストに正式な名前はないが、映画『ホーンテッド マンション』の初期の草稿で使われていた名前が、非公式のニックネームとして、ファンやキャストのあいだで広く知られている。左から順に、シルクハットをかぶり、絨毯地の旅行かばんを持ったフィニアス、帽子をとって挨拶をする背の高いエズラ、そしてひげもじゃで背の低い囚人ガスである。

人気者の彼らだが、意外にもアトラクションの最終デザインの段階で生まれたキャラクターだという。X・アテンシオは「ストーリーボード」誌にこう語っている。「アイディアが生まれたのは、実際にバギーが設置されてから。いわば、あとからの思いつきだったのです」。ヒッチハイカーたちの外見は、デザインの過程で劇的に変わっていった。マーク・デイヴィスの最初のスケッチではアニメーションのキャラクターのようだったが、紙の上からステージへと舞台を変えるとともに、よりリアルになっていった。

ドゥームバギーが地下室を進み、一連の大きな鏡の前を通ると、ゲストはすぐに、3人のゴーストのうちのひとりが自分のバギーに乗りこんでいることに気づく。

もちろん、ドゥームバギーに座っているヒッチハイク・ゴーストは鏡のなかにはいない。これもグランドホールで使われているイリュージョンとよく似ているが、そこには新たな工夫が凝らされている。

鏡の横には、ちらちらと炎が揺れるトーチを掲げた手が取りつけられている。これもまた、ローリー・クランプの思いつきによるものだ。「私はコクトーの『美女と野獣』のようなフランスの前衛映画に影響を受けました」とローリーは述べている。「人の体のパーツが建築の一部になっていて動き出すんです。こいつはいい！と思って、私も人体のパーツを建築に使い始めたのです」。

左ページ：マーク・デイヴィスによるさまざまなヒッチハイクのゴーストたちのコンセプト画。このうちの何人かは、ほかのシーンに登場している。**上**：左から右へ。大柄なフィニアスは、絨毯地の旅行かばんを持った旅行者。のっぽでやせこけたエズラは、帽子をとってゲストに挨拶をしている。小柄でひげだらけのガスは、鉄球つきの鎖をつけている囚人。**下**：ジャン・コクトーの影響を受けてローリー・クランプがデザインしたトーチを持つ手。

A TOUR OF THIS GHOSTLY RETREAT   123

PARIS：ドゥームバギーが町から出ようとすると、ファントムと花嫁が、ゲストの魂をめぐって最後の争いをする。ファントムはけたたましい笑い声をあげながら、ふたの開いた棺を示して、ファントム・キャニオンを終の棲家にするようゲストに促す。しかしそこへ、今やウエディングドレスもボロボロになり、骸骨と化した花嫁が、ゲストを救うため光の渦とともに現れて逃げ道を示してくれる。

再び館のなかに戻ると、装飾の施された鏡が壁に並んでいる。ここでは、ヒッチハイク・ゴーストが乗りこんでくるのではなく、ファントムがバギーの上にしがみつき、ゲストを永遠に館に引きとめようと最後の悪あがきをする。

クリエイティブ・チームは、この手法はオリジナルよりも効果的だと考えた。というのも、自分の隣を見ればヒッチハイク・ゴーストがいないことを確認できるが、バギーの上は見ることができないため、ファントムが本当にいるのかどうか確かめようがない。このほうがずっと効果的で、ぞっとするというものだ。

上：ヒッチハイク・ゴーストは「ホーンテッドマンション」で最も効果的で愛されているギャグのひとつだ。ここでは、ゲストもイリュージョンの一部となる。**下**：ディズニーランド・パリ版の人気の鏡のシーンのコンセプト画。ファントムの最後の抵抗が描かれている。

124　THE HAUNTED MANSION

ヒッチハイク・ゴーストのさまざまな外見。**すぐ下**：マーク・デイヴィスのコンセプト画。**中央**：縮小模型。**いちばん下**：実際のショーで使われたオーディオ・アニマトロニクス。

いちばん上：ブレイン・ギブソンによる粘土像（衣装なし）。**上左**：鏡に現れるフィニアスのクローズアップ。**上右**：エズラは「ホーンテッドマンション」の何ヵ所かに"ノーギャラ"で出演している。特徴的なギョロ目で、歯を剥いて笑っている"頭"は、いくつかの"飛び出す"ゴーストたちにも使われている。イマジニアたちは、まさに"頭の使い方"に長けているというわけだ。

―― 改良バージョン ――
ウォルト・ディズニー・ワールド
ゲストと遊ぶヒッチハイク・ゴースト

　2011年、フロリダのマジックキングダム・パークの改良のひとつとして、クリエイティブ・チームは、人気者のヒッチハイク・ゴーストに背筋の凍るような魔法をかけた。ブレイン・ギブソンのオリジナルデザインをより忠実に再現する造形に改め、さらに亡霊らしい雰囲気を演出する照明を加えた。そして、この3人組がすでに荷造りを終えて〝あなたの家までお供〞をする準備ができていることを示す小道具を追加したのである。もし近づいて見ることができるなら、肖像画をはじめ、凝った細部にも気づくだろう。

　続く鏡のシーンでは、3人のゴーストはハイテクを駆使してアップグレードを遂げた。アニメーション化され、リアルタイムでゲストと交流できるようになったのだ。ジョン・スノディとイマジニアリングが誇る研究開発グループのおかげで、アトラクションのしめくくりが、ますます魅力的なものになった。今や3人のヒッチハイカーたちは〝役を演じる〞ことになったため、クリエイティブ・ディレクターのピート・カーシロとショー・プロデューサーのエリック・グッドマンは、それぞれのキャラクターにより具体的な個

性を与えなくてはならなかった。エリックは、ディズニーのベテランで、1988年のアニメーション『オリバー～ニューヨーク子猫ものがたり』の監督ジョージ・スクリブナーに彼らの役柄設定を任せた。スクリブナーは、この新しいイリュージョンのコンピューターアニメーション監督を務めている。

　いたずら好きで、茶目っ気たっぷりにゲストの頭をすげ替えてみせる骸骨のエズラは、俳優のジョン・クリーズとマイケル・キートン、それにジム・キャリーを組みあわせたような粋なキャラクターだ。絨毯地の旅行かばんを持っているフィニアスのヒントになっているのは、ジョン・キャンディやクリス・ファーレイといった陽気なコメディアン。ゲストの頭を風船のように膨らませて、はじけるのを眺めている様子が笑いを誘う。囚人のガスは、テレビシリーズの古典的シット・コム「タクシー」でクリストファー・ロイドが演じた、いつもぼうっとしているレヴァレンド・ジムのキャラクターから着想を得た。ほかの2人に比べてのんびり屋のガスは、ゲストの頭をゴムのように引っ張っては、パシッと元に戻して楽しんでいる。

上：ケイル・ウェスリーによる初期の〝ハッピー・バースデー〞のコンセプト。これは結局実現しなかった。

～ 特別バージョン ～
ディズニーランド／東京ディズニーランド
ホーンテッドマンション・ホリデー

ディズニーランド版では、ゲストが墓地を出ると、悪役のウギー・ブギーが"ホリデー・トリック・オア・トリート"のルーレットを回し（左写真）、ゲストがどのプレゼントを持ち帰るか決めている。そのプレゼントは、アトラクション最後のイリュージョンとしてドゥームバギーのなかに、ひとひねりした形で現れる。贈り物にクエスチョンマークの印があれば、サプライズで『ナイトメアー・ビフォア・クリスマス』の悪ガキトリオ、ロックとショックとバレルが飛び出す。

東京ディズニーランドでは、ヒッチハイク・ゴーストの代わりに、この3人組がドゥームバギーに乗ってくる。

上と右と下：東京ディズニーランドの地下室のための、ラリー・ニコライによる鉛筆とカラーのコンセプト画。その製作段階と完成シーン。

出口

「早くお戻り……早くお戻り。
仲間になる決心をしたら、
死亡証明書を忘れずに。
さあ、手続きをしましょう。
あなたを死ぬほど待っているのだから」

ゲストがドゥームバギーを降りて地下室から続く通路に出ると、最後の霊が呼びかけてくる。哀愁を帯びた誘いの声がまだ耳にこだましているうちに、ゲストは生きている人間の世界、ニューオーリンズ・スクエアへと戻ってくる。

リトル・レオタ

暗闇のなか、手に花束を持ち、石でできた棚の上に立つ小さなゴーストが、何かを求めているようなまなざしで遠くを見つめている。彼女の正式な呼び名は「ゴーステス」（「ゴースト」と「ホステス」の造語）だが、あのマダム・レオタと同様にレオタ・トゥームズが演じていることから、ファンやキャストは「リトル・レオタ」と呼んでいる。こちらはトゥームズが、顔と不気味な声の両方を演じ、長年ゲストの人気を博している。

いちばん上：ディズニーランドのアトラクションの縮小模型。ゲストはドゥームバギーから降りてリトル・レオタに出会う。**上**：レオタ・トゥームズの顔と声が「リトル・レオタ」に永遠の命を吹きこんだ。**左**：「ファントム・マナー」のコンセプト画。リトル・レオタに代わる花嫁が、ワインセラーでゲストを待っている。

霊廟

WDW & TOKYO：フロリダのマジックキングダム・パークと東京ディズニーランドでは、ドゥームバギーから降りると、「グリム・グリニング・ゴースト」がかすかに響く霊廟を通って、「ホーンテッドマンション」をあとにする。壁の墓碑銘には、イマジニアたちにまつわる駄洒落の名前などが見られ、ユーモラスこのうえない。なかには、何度も結婚を繰り返した「青ひげ」という架空の海賊の名前もあり、初期のストーリーにあった船長と血まみれの海賊を彷彿させる。霊廟から出ると、そこは館のエントランスゲートのすぐ近くで、一時期、おあつらえ向きに土産物屋のワゴンがあった。

いちばん上：マダム・レオタをテーマにした土産物屋ワゴンのコンセプト画。上：かつてウォルト・ディズニー・ワールドの「ホーンテッドマンション」のゲートの外にあった土産物のワゴン。左：ウォルト・ディズニー・ワールドと東京ディズニーランドにある霊廟。下：ユーモラスな墓碑銘。

A TOUR OF THIS GHOSTLY RETREAT

― 改良バージョン ―
ウォルト・ディズニー・ワールド
メメント・モリ

2013年3月、ファンタジーランドに『塔の上のラプンツェル』をテーマにした新しいエリアがつくられた。その際、混雑を軽減するため、リバティ・スクエアに抜ける新たな道が必要になり、「ホーンテッドマンション」の出口付近にあるマダム・レオタをヒントにした土産物ワゴンのすぐ脇を、ブルドーザーがならしていた。「ホーンテッドマンション」関連のグッズの人気が高まっているのを受けて、パーク側は、アトラクション近くにある「ヤンキー・トレーダー」を、ファン待望の「ホーンテッドマンション」の専門ショップに生まれ変わらせるよう、イマジニアたちに依頼した。

ショーライターで本書の著者である私を含むクリエイティブ・チームは、このミステリアスなショップのバックグラウンドストーリーをつくりだす好機に飛びついた。マダム・レオタは、マサチューセッツ州のセイラムから魔女裁判を逃げてきた神秘的な予言者と設定され、ショップは、ハドソン・リバー・バレーの小さな町にある運勢占い・手相占い・水薬の調合の店として仕立てられた。レオタが館でどのような最期を迎えたのかは謎に包まれたままだが、この実在するショップにまつわる〝オリジナルストーリー〟により、長年のファンたちは、お気に入りのキャラクターに対する新たな洞察を深めている。

イマジニアはそのショップを「メメント・モリ」と名づけた（これは、2000年代半ばに、アトラクションの出口に地下室がテーマのショップを検討したときからずっと、私が胸にあたため続けてきた名前だ）。「メメント・モリ」とは「死ぬことを忘れるな」という意味のラテン語で、我々人間の死すべき運命を思い起こさせる警句である。この言葉は好都合なことに、「お土産（memento）」という言葉を含んでいる！

ゲストは、薬瓶や呪文の本があるマダム・レオタの生前の住居を探検し、魔法の鏡をのぞいたり、魔法がかけられた秘密の肖像画（上写真）を見たりすることができる。また、今や失われた技術となった〝念写〟のブースもあり、ゲストは自分だけの〝変身する肖像写真〟をつくることができる。

リバティ・スクエアの道を「メメント・モリ」へと歩いていく途中、注意深いゲストは「サイラス・クランプ管理人」宛の木箱を見つけるかもしれない。その名前は、オリジナルの「ホーンテッドマンション」をつくったイマジニアのひとり、ローリー・クランプにちなんだものである。

下：ジョー・ウォーレンによるショップのコンセプト・アート。

ブートヒル

PARIS：ディズニーランド・パリでは、ドゥームバギーを降りたゲストは、館の外のレイブンズウッド一族が埋葬されているブートヒル墓地に出る。ここはのちにサンダー・メサの住人たちにも開放され、ヘンリーとマーサのレイブンズウッド夫妻とその一族は全員、サンダー・メサの上流階級の人々とともに、ここに眠っている。ユーモラスな墓碑銘を見れば、イマジニアたちがディズニーランドの大切な伝統を守り、サンダー・メサでは誰も、それほど深刻に死をとらえていないことがわかる。

右：「死が2人を分かつまで」？ブートヒル墓地でよりそう、永遠に結ばれている2人。**左**：出口（フランス語でsortie）とブートヒルを示す看板。

— 特別バージョン —
ディズニーランド／東京ディズニーランド
ホーンテッドマンション・ホリデー

ジャックの恋人サリーがリトル・レオタの代わりを務め、ゲストに、館に戻って999人のゴーストたちと一緒にクリスマスを過ごすようにと促す。左は、東京ディズニーランドで、サリーが最後のお別れをするシーンを描いた、ラリー・ニコライのコンセプト・アート。

A TOUR OF THIS GHOSTLY RETREAT

イマジニアとともに

香港ディズニーランド・パークの「ミスティック・マナー」のオープンによって、世界じゅうのマジックキングダムで、さまざまなバージョンの「ホーンテッドマンション」が見られるようになった。オリジナルのコンセプトが生まれたのは、1951年。映画の美術監督だったハーパー・ゴフが最初のイマジニアとなり、ヴィクトリア様式の幽霊屋敷のスケッチを描いたのが始まりだった。数年後、ウォルト・ディズニーが初めて亡霊たちのための屋敷について語り、ケン・アンダーソンが「ホーンテッドマンション」の外観と、中心となるキャラクターやストーリーの要素を確立。そしてイエール・グレイシーとローリー・クランプの創造的な共同作業により、50年以上を経た今日でもほとんど匹敵するものがないイリュージョンと特殊効果が生まれた。マーク・デイヴィス、クロード・コーツ、X・アテンシオがバトンを引き継ぎ、ディズニーランドだけでなく、国境や文化の違いを越えてほかのマジックキングダムでも息づくアトラクションをつくりあげた。最初のスケッチから60年以上経った今、新世代のイマジニアたちが新しいキャラクターやストーリーを生み出し、中国のゲストのために「ホーンテッドマンション」を再度翻案したのだ。

「ホーンテッドマンション」の物語は「ミスティック・マ

イマジニアたちは長年にわたり、「ホーンテッドマンション」のさまざまなコンセプトを新たにつくりあげてきた。**上**：隠し扉から出てくる2人のゴースト。**左下**：ロード・エリアの凝ったリニューアルデザイン。**下**：不気味なドアの廊下のためのイリュージョン案。これらがいつ実現するのか、誰にもわからない。

ナー」で終わりそうにない。なぜなら、ウォルト・ディズニーはこう言ったからだ。「世界に想像力がある限り、ディズニーランドは永遠に完成しない」と。丘の上に建つこの古びた館も同じだ。「ホーンテッドマンション」は、ニューオーリンズ・スクエアからミスティック・ポイントまで、60年かけて旅をした。次の60年ではどこに行くのか、ただマダム・レオタのみぞ知る。イマジニアたちが新たなストーリーを創造し、新たなテクノロジーを使ってそれを語ろうとするとき、「ホーンテッドマンション」は再び新たな地に登場するだろう———世界に想像力がある限り。

132　THE HAUNTED MANSION